Rundherum

Leichte Kanons und Quodlibets

Herausgegeben von
EGON RUBISCH

VEB Friedrich Hofmeister
Musikverlag Leipzig

ISBN 3-7331-0042-5

2. Auflage

Lizenznummer 484-250/B 502/88
Printed in the German Democratic Republic
Gesamtherstellung:
Offizin Andersen Nexö, Graphischer Großbetrieb, Leipzig
III/18/38
Einbandgestaltung und Illustrationen: Heiner Vogel, Mölkau
Bestellnummer 519 540 3
DDR 00900

MUSIKANTENGRUSS

(KANON-QUODLIBET)

Zu 3 und mehr (bis 9) Stimmen

mit einer rhythmischen Begleitstimme (Klatschen beidhändig, Schenkelschlag links und rechts) ad lib.
und einem zweistimmigen Ostinato ad lib.

I

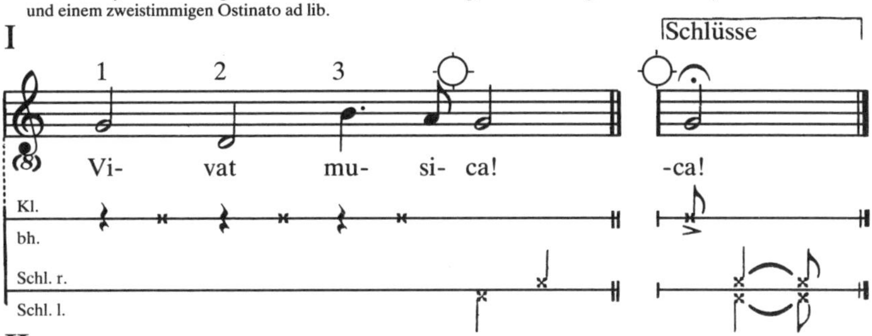
Schlüsse
1 2 3
Vi- vat mu- si- ca!
-ca!
Kl.
bh.
Schl. r.
Schl. l.

II

(2)
1 2 3
Vi- vat mu- si- ca!
-ca!

III

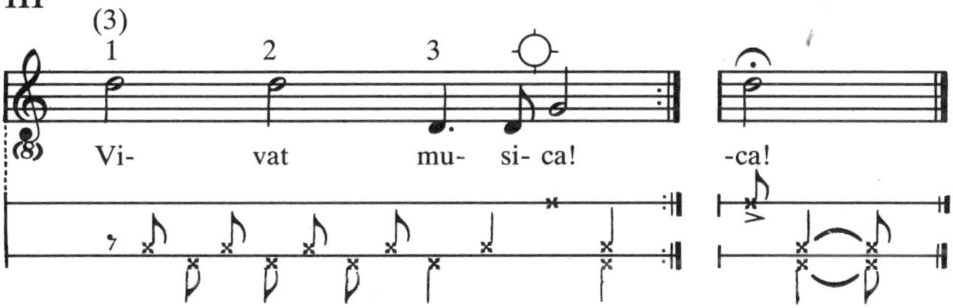
(3)
1 2 3
Vi- vat mu- si- ca!
-ca!

Ostinato ad lib. zuvor und dazu:

Din- don, don, di- ri- don! Din- don, don, din- don!

Musikantengruß (Kanon-Quodlibet) „Vivat musica" (Es lebe die Musik)
von Egon Rubisch

Der „Musikantengruß" bietet verschiedene Möglichkeiten der Ausführung: Er sollte zunächst einstimmig durchgesungen werden, dann insgesamt dreistimmig mit dem Einsatz zu Beginn jeder Kanonzeile, weiterhin nacheinander die einzelnen Kanonteile in aufgeteilten Stimmgruppen und schließlich das Ganze mit allen verfügbaren Stimmen, zu denen auch die rhythmische Begleitstimme hinzutritt.

VORBEMERKUNG
mit Hinweisen zur Ausführung der Kanons und Quodlibets

Das Singen und Musizieren von Kanons und Quodlibets – eine seit Jahrhunderten gern geübte Form des mehrstimmigen geselligen Musizierens – hat in den letzten Jahren und Jahrzehnten, besonders unter der Jugend, zunehmend an Beliebtheit gewonnen. Dabei wurde aber immer wieder der Wunsch nach leicht singbaren Beiträgen in einer auf breiteste Ausführbarkeit gerichteten Auswahl geäußert, die ein entsprechendes Gegenstück zu der umfangreicheren Kanon- und Quodlibetsammlung „Rundadinella“ darstellt, aber ebenso den vielfältigen Ansprüchen kulturvoller Geselligkeit wie auch den Anlässen musikalischer Fest- und Feiergestaltung gerecht wird. Und so wird jenen, denen die voraufgegangene Sammlung nicht unbekannt ist, durchaus einleuchten, daß ihnen mit „Rundherum“ – bildlich gesprochen – ein zugleich jüngeres und weniger umfangreiches Geschwister von „Rundadinella“ an die Hand gegeben wird. Wenn diese neue Sammlung – über die Anlehnung in der Titelgebung hinaus – also nicht unabhängig von „Rundadinella“ entstanden, sondern inhaltlich-thematisch, vor allem in der Ordnung der Sinngruppen, damit verwandt ist, so hat sie doch ein eigenes Gesicht: Nur eine Auswahl der bekanntesten und leichtesten Beiträge wurde aus „Rundadinella“ in diese neue Sammlung übernommen, vor allem solche, deren weitgehende Besetzungsfreiheit uneingeschränkte Aufführungsmöglichkeiten gestattet.
Zum anderen aber kam auch vieles andere neu hinzu, darunter aus verschiedenen Quellen, besonders aus der Liedblatt-Reihe „Offenes Singen“, Beiträge, die sich in der Praxis des geselligen Singens bewährt haben und daher eine Aufnahme in eine geschlossene Sammlung rechtfertigen.
Schließlich bietet sie – wie seinerzeit „Rundadinella“ – auch neuen Kanons und Quodlibets Raum, die erstmals an dieser Stelle veröffentlicht werden. Besonders ausgeprägt ist dabei das Bestreben, in einer neuen thematischen Gruppe „Spielen und Lernen“ Beiträge zu vereinen, die vom Spielvers, Spiellied und Kinderlied des Vorschulalters ausgehend frühzeitig an das mehrstimmige Singen in seiner zugleich einfachsten und geschlossensten Form heranführen. Auch wurde eine größere Anzahl ausländischer volkstümlicher Kanons und Quodlibets aufgenommen, die neben einer deutschen Textfassung überwiegend zugleich die Wiedergabe des originalen fremdsprachigen Textes enthalten, – was zweifellos einen besonderen Anreiz einschließt, sich mit ihnen zu beschäftigen (selbstverständlich auch im Bemühen um eine phonetisch richtige Aussprache).
Die bereits in „Rundadinella“ aufgenommene Praxis, Lieder, die für das Musizieren im Kanon geeignet sind, zu berücksichtigen, wurde weitergeführt; dabei wurden auch entsprechende Erfahrungen mit ausländischem Musiziergut einbezogen. Gerade dieser Klangtypus, bei dem die vorgegebene diastematische

Struktur in einen aus der Melodie erwachsenden Zusammenklang eingebunden wird, läßt mehrere Varianten zwischen Lied und Kanon erkennen, die etwa wie folgt charakterisiert werden können (ohne daß damit eine Klassifizierung verbunden sein soll):

- den Liedkanon, der aus melodisch-thematischer Substanz eines einstrophigen Liedes oder eines Abschnitts daraus, d.h. etwa einer Liedzeile, gewonnen, im übrigen aber frei gestaltet ist und im Sinne eines „Rädchens" fortlaufend wiederholt werden kann (am Wiederholungszeichen am Ende des Kanons erkennbar);
- das Kanonlied, das bei überwiegend mehrstrophiger Anlage ein Aussingen jeder einzelnen Strophe bedingt, wobei an den Fermaten ablesbar ist, ob der Kanon mehrstimmig oder im Einklang endet (bei Fehlen jeglicher Fermate sogar ohne liegenden Schlußton, sondern jede Stimme in den angegebenen Notenwerten auslaufend, dann pausierend bis zum Neueinsatz der nächsten Strophe; sämtliche Beiträge dieser Art ohne Wiederholungszeichen);
- eine Mischform als mehrstrophiges Gebilde, das sowohl ein rotierendes Absingen im Sinne eines Liedkanons gestattet, bei dem nach Absingen jeder Strophe sofort die nächste Strophe aufgenommen und das gesamte Lied als geschlossene Form ausgeführt wird, als auch eine Gestaltung, wie sie bei getrennt-strophischer Gliederung im Sinne des Kanonliedes oben erläutert ist. Diese Beiträge sind mit dem Untertitel „Liedkanon/Kanonlied" gekennzeichnet.

Im übrigen gelten für die Ausführung der einzelnen Kanons und Quodlibets folgende allgemeine Hinweise:

Die zur Ausführung erforderliche Anzahl der Stimmen ist sowohl unter dem Titel jedes Stückes wie auch im INHALT angegeben.

Die Stimmeinsätze sind an den betreffenden Zeitpunkten in den angegebenen Abständen durch Ziffern gekennzeichnet.

Alle Kanons, die wiederholt durchzusingen sind, zeigen am Schluß ein Wiederholungszeichen. Kanons und Quodlibets ohne Wiederholungsangabe werden nur einmal von Anfang bis Ende durchgesungen.

Die Schlüsse sind durch Fermaten gekennzeichnet. Sofern unter den Fermaten Ordnungszahlen stehen, bezeichnen diese die Stimme, welche an der betreffenden Fermate schließt. Kanons, die nur eine einzige Fermate über dem Schluß tragen, enden im Einklang; sofern die Fermate dabei über einer Note steht, wird diese von allen Stimmen ausgehalten, bis die letzte Stimme dort eingetroffen ist. Steht diese Fermate über einer Pause, so schließt jede Stimme einzeln mit dem angegebenen Wert der letzten Note, ohne das Eintreffen der folgenden Stimmen abzuwarten. Bei gemischtstimmiger Ausführung ist an der Stelle zum Schluß zu kommen, die im Baß bzw. in der Männerstimme zum Grundton führt.

Sämtliche Quodlibets mit Ausnahme der reinen Kanon-Quodlibets sind in Partitur notiert. Sofern sie so angelegt sind, daß die einzelnen Stimmen nach Belieben hinzutreten oder fortfallen können, ist dies durch Punktierung der Parti-

turakkolade kenntlich gemacht. Ergänzende Hinweise sind den einzelnen Quodlibets beigegeben.
Soweit für einzelne Beiträge eine bestimmte Besetzung gefordert oder empfohlen wird, ist die Angabe der Stimmenzahl durch einen entsprechenden Vermerk ergänzt; auch ist dieser Vermerk im INHALT der Stimmenzahl in abgekürzter Fassung beigefügt (G = Gemischte Stimmen, M = Männerstimmen). Da diese Hinweise überwiegend auf originalen Besetzungen fußen, ist bei Wahl einer anderen Besetzung die Berücksichtigung einer ähnlichen Struktur anzuraten. Darüberhinaus ist die Mehrzahl aller Beiträge, bei denen nicht ausdrücklich auf eine bestimmte Besetzung hingewiesen ist, durchaus von Männerstimmen und unter Erprobung der bestgeeigneten Einsatzfolge von gemischten Stimmen ausführbar, gegebenenfalls nach Transposition in den günstigsten Stimmbereich.
Zur Ausführung aller Kanons und Quodlibets können auch Instrumente herangezogen werden; dabei unterstützen diese entweder einzelne Singstimmen bzw. ersetzen sie teilweise oder vollständig.
Soweit begleitende Melodiestimmen, zumeist ostinaten Charakters, ad libitum beigefügt sind, können diese über die angegebene Besetzung hinaus auch auf andere Art, vokal oder instrumental, in der betreffenden Stimmlage ausgeführt werden. Diese Freizügigkeit gilt gleichfalls für die Schlagwerkstimmen, deren Ausführung ebenfalls nicht streng an die jeweilig vorgeschriebenen Instrumente gebunden sein soll. Auf diese zusätzliche Begleitstimmen wird im INHALT durch die Bezeichnung B neben der Stimmenzahl unter Beifügung der Angabe v (= vokal) bzw. i (= instrumental) hingewiesen.
Sofern es sich bei den Besetzungsangaben wie auch bei den Hinweisen auf zusätzliche Begleitstimmen lediglich um Ad-libitum-Vorschläge handelt, sind im INHALT die entsprechenden Vermerke in Klammern gesetzt.
Es empfiehlt sich, jeden Kanon zunächst einmal im Einklang durchzusingen und erst dann die mehrstimmige Ausführung anzuschließen. Entsprechendes gilt auch für die einzelnen Lieder, die Bestandteile der Quodlibets sind.
Die Anzahl der Wiederholungen eines Kanons bleibt im allgemeinen den Ausführenden überlassen – mit Ausnahme jener Beiträge, die die Art der Wiederholung ausdrücklich vermerken oder an einen vorgegebenen Ablauf z. B. durch eine mehrstrophige Anlage gebunden sind. Doch sollte im Falle einer unveränderten Besetzung jeder Kanon in mehrstimmiger Ausführung nur zweimal, keinesfalls aber öfter als dreimal durchgesungen und dann zum Abschluß gebracht werden. Falls es möglich ist, durch einen Wechsel in der Anzahl der Stimmen und in den Stimmgattungen sowie durch den Austausch mit einzelnen Instrumenten oder Instrumentalgruppen in alternierender Besetzung eine gesteigerte Farbigkeit des Klanges zu erzielen, ist jedoch eine entsprechend erhöhte Zahl von Wiederholungen vertretbar. Auch kann das Klangbild der Kanons und Quodlibets dadurch bereichert werden, daß Einzelstimmen und chorische Besetzung im Wechsel einander ablösen oder vorübergehend in

gleichzeitiger Gegenüberstellung von melodieführender Singstimme (Solo) und begleitenden Summstimmen (Chor) beteiligt sind.
Bei jenen Kanons, die mehrere Möglichkeiten hinsichtlich der Anzahl der einzusetzenden Stimmen erkennen lassen, empfiehlt es sich, zunächst mit der geringsten Stimmenzahl zu beginnen und, nachdem man sie den gegebenen Möglichkeiten entsprechend gesteigert hat, mit der höchsten zu schließen. Ähnliches gilt auch für die Quodlibets, bei denen die Zahl der beteiligten Stimmen variabel ist.
Vielerorts ist es gebräuchlich, einen Kanon nach mehrstimmiger Ausführung nochmals einstimmig zu singen bzw. zu spielen. Dieser Abschluß eignet sich vor allem für vielstimmige Kanons, sofern diese über keine gesonderte ausgeschriebene Schlußbildung (Coda) verfügen.
Schließlich sei auch darauf hingewiesen, daß durch eine Aufeinanderfolge mehrerer Kanons verwandter Thematik kleine zyklische Formen – gewissermaßen als Chorzyklus oder „Kanonkantate" – gebildet werden können. Dabei empfiehlt es sich, im Wechsel der Stimmenzahl den einen oder anderen Kanon lediglich als einstimmigen Spruch auszuführen.

Egon Rubisch

INHALT

Titel (und Textanfang)	Tonsetzer	Besetzung	Seite
Singen und Klingen			
Fröhlich wollen wir singen (Fröhlich wollen wir nun singen)	Mündlich überliefert	4	2
Jeder, der singen kann	Christian Lange	2	2
Rundherum I/II	Horst Irrgang		2
I (Rundherum, dideldum)		2, 3	
II (Rundherum! Kommt, seid nicht stumm)		4	
Laßt die Stimmen hell erklingen – Nun fanget an (Kleines Kanon-Quodlibet)	August Mühling/ Horst Irrgang	8 (2–4 +3, 4)	3
Komm, mach mir einmal alles nach	Ilse Marquardt	2	3
Jeden Tag ein Lied	Siegfried Bimberg	4	4
Im Kanon voran (Eine Stimme geht voran)	Christian Lange	2	4
Folge mir (Hör auf mich)	Mündlich überliefert	2	4
Kommt und singt (Liebe Freunde, kommt)	Franz Fischer	4	4
Alle singen mit	Siegfried Bimberg	3	5
Laßt klingen unsre Lieder	Siegfried Stolte	4	5
O Musica, dein Klang	Heinz Opitz	4	5
Viva la musica I (Viva, viva la musica)	Michael Praetorius	3	6
Viva la musica II (Viva, viva la musica)	Mündlich überliefert	4	6
Nun fanget an (Nun fanget an, ein guts Liedlein zu singen)	Mündlich überliefert	3	6
Laßt uns singen	Horst Irrgang	3	7
Auf, ihr Freunde	Karl Gottlieb Hering	4	7
Fröhlich fangt alle an	Melchior Vulpius	4	7
Stimmet mit ein	Rolf Lukowsky	4	8
Neue Lieder laßt uns singen	Siegfried Stolte	3	8
Kommt her und singt (Kommt her, falalalala)	Siegfried Bimberg	4	8
Wer Musicam verachten tut	Johann Staden	8	9
O wie schön die hellen Lieder klingen	Moritz Hauptmann	4	9
Ein frohes Lied regt an	Ernst König	4	9
Das Lied erzählt (Das Lied tut kund)	Henry Lawes	3	10

Hell klingt unser Lied	Ernst Hermann Meyer	3, 4	10
Laßt uns gemeinsam singen	Gerhard Walther	3	10
Laßt uns fröhlich sein und singen	Herbert Zimpel	3	11
Laßt ein frohes Lied uns singen	Mündlich überliefert	4	11
Die Musik ist die beste Kunst	Ungenannter Meister	3	12
Halali, Musikanten (Halali, halali)	Helmut Bräutigam	3	12
Die Tonleiter (Ich bitt dich)	Ludwig van Beethoven	3	13
Auf den Erfinder des Metronoms (Ta-ta-ta-ta-ta-ta...)	Ludwig van Beethoven	4	13
Klingen hell die Geigen	Siegfried Stolte	3	14
Kleine Intervallehre I/II (Die Prim, die Sekund, die Terz)	Eusebius Mandyczewski	3	14
Laßt Gesänge erschallen (Auf, laßt Gesänge erschallen)	Friedrich Schneider	3	15
Juchhe, der Spielmann	Ilse Marquardt	3	16
Kommt, singt und spielt	Siegfried Stolte	3	16
Musikantenlob (Spielmann, das hast du gut gemacht)	Helmut Böhmer	3	17
Unser Lied klingt jederzeit (Ob die Sonne scheint)	Christian Lange	8	17
Glocken-Kanon (Naše zvony / Weithin klingen unsre Glocken)	Tschechische Volksweise	6	18
Meine Zimbel	Giambattista Martini	3	19
Singt mit uns (Hier in unserm Kreise)	Christian Lange	5	20
Sei kein Frosch, sing mit (Bist du manchmal auch noch müd')	Horst Berner	2, 4	20
Dur- und Moll-Tonleiter (So steigt in Dur)	Christian Lange	2	21
Hört und singt mit (Echo-Kanon)	Christian Lange	3	21
Ein „Mo-zart"-Kanon (Es gab schon viele Meister)	Gottfried Glöckner	3	22
Man singt zum Spaß	Christian Lange	3	22
Melodie im Kanon (Wer die Melodie schön sauber singt)	Christian Lange	3	23
Kling, mein Lied	Siegfried Bimberg	3	23
Singen ist das Fundament	Christian Lange	3	23
Lob und Preis der Musica (Auf, und laßt uns fröhlich singen)	Franz August Bauer	3	24
Laßt uns singen und fröhlich sein	Wolfgang Müller	4	24
Viel Freude wird sein	Günter Altmann	3	24
Die volle Harmonie (Schön und lieblich)	Mündlich überliefert	3	25

Singen, tanzen, fröhlich sein	Christian Lange	3	25
Ehre der Musik (Wer die Musik in Ehren hält)	Heinz Krause-Graumnitz	4	26
Ein Talent, das jedem frommt	Siegfried Müller	4	26
Wie das Wasser hell und klar	Christian Lange	3	27
Rum, rum, rudeldudeldum (Geht es hinauf und hinunter)	Eusebius Mandyczewski	2	27
Zin-zin-zin (Zin-zin-zin fa il violino / Zin-zin-zin, die Geige)	Italienische Volksweise	4	28
Wo man singt	Christian Lange	3	28
Ein kleines Lied	Christian Lange	4	29
Nanna und Minna (Nanna und die Minna)	Mündlich überliefert	4	29
C, B, A und immer weiter (Krebskanon)	Kurt Schwaen	2	30
Hofmeister-Kanon (Früh übt sich)	Wolfram-Theo Freudenthal	2 (+BvM)	30

Jahr und Zeit

Auf Neujahr (Kanonlied) (Das alte ist vergangen)	Deutsche Volksweise	2	32
Viel Glück, viel Glück	Egon Rubisch	4	32
Viel Glück und Freude zum neuen Jahr (Wir bringen unsere Wünsche)	Helmut Bräutigam	3	32
Zum neuen Jahre Glück und Heil	Egon Rubisch	4	33
Viel Arbeit und Freude zum neuen Jahr (Gar fröhlich zu singen)	Siegfried Stolte	3	33
Ein fröhlich Herz	Horst Irrgang	2	33
Fasching (Lustige Leute sind wir heute)	Siegfried Stolte	3	34
Faschingskanon (Manche sagen: Wenn das Faschingsfest)	Hans Naumilkat	4	34
Wer's erwarten kann (Wenn der Winter ausgeschneiet)	Karl Büse	2	35
Schöner Frühling, kehre wieder	Mündlich überliefert	3	35
Schöner Frühling, komm doch wieder	Mündlich überliefert	3	36
Nicht lange mehr ist Winter	Mündlich überliefert	4	36
Ihr Frauen und Mütter (Zum Internationalen Frauentag) (Ihr Frauen und ihr Mütter)	Siegfried Stolte	4	37
Nicht länger ist Winter	Mündlich überliefert	4	37
Es tönen die Lieder	Mündlich überliefert	3	37
Alle Vögel sind schon da (Liedkanon/Kanonlied)	Egon Rubisch	3	38

Hört nur, wie der Kuckuck schreit	Christian Lange	2	38
Aprilwetter (Was ist das für ein Wetter heut)	Siegfried Stolte	3	39
Sonne steigt höher	Christian Lange	4	39
Erster Mai (Fahnen wehen)	Siegfried Stolte	3	39
Sitzt a schöns Vogerl aufm Dannabaum (Liedkanon/Kanonlied)	Johannes Brahms	4	40
Willkommen, lieber schöner Mai	Franz Schubert	3	40
Blumen blühn, Wolken ziehn	Rolf Lukowsky	4	41
Es schlägt eine Nachtigall	Mündlich überliefert	3	41
Der Sommerkanon (Summer is acoming in / Sommer ist ins Land gekommen)	Ungenannter Meister	4 (+2 Bv)	42
Kuckucks-Kanon („Kuckuck", so ruft's)	Christian Lange	3	43
Freude jubelt	Carl Theodor Theuß	3	43
Lob der Natur und Reisegruß (Kanon-Quodlibet im Sternzeichen des Krebses) (Schön ist, Mutter Natur – Lebt wohl, Freunde)	Egon Rubisch	4 (–16)	44
Feuer, spring auf	Willi Maertens	3 (G, +BivM)	45
Wir freun uns auf die Urlaubszeit	Christian Lange	3	46
Vom hohen Gipfel	Horst Irrgang	4	46
Ferien (Wir haben Ferien)	Hans Naumilkat	4	46
Wie schön ist es im Freien	Mündlich überliefert	3	47
Badekanon (Wir liegen faul)	Hans Naumilkat	4	47
Sommerwind und Sonnenschein	Günter Olias	4	48
Kuckuck, Kuckuck, sag mir doch	Siegfried Thiele	3	48
Der Sommer ist gekommen (Kanonlied)	Christian Lange	2	49
Wer wandern will	Mündlich überliefert	4	49
Es blies ein Jäger wohl in sein Horn (Liedkanon/Kanonlied)	Paul Donatz	2, 3	50
Trara! So blasen die Jäger	Mündlich überliefert	4	51
Horch, es schallt durch den Wald	Mündlich überliefert	3	51
Trara! Das tönt wie Jagdgesang	Mündlich überliefert	4	51
Ein Jäger aus Kurpfalz (Kanonlied)	Deutsche Volksweise	2	52
Späte Rosen im Garten	Mündlich überliefert	2	52
Zum Ernteeinsatz (Wann wird in der Pflanzenzucht)	Christian Lange	3	53
Süße Traube	Siegfried Stolte	3	53
September (Stoffel! Stoffel! Obst und Kartoffel)	Ungenannter Meister	3	53
O klage nicht	Mündlich überliefert	2	54

Blätterfall	Manfred Hollmann	2	54
Winter (Welt liegt im Winterkleid)	Hermann Stephani	3	54
Tod und Schlaf (Tod ist ein langer Schlaf)	Joseph Haydn	4	55
Wald und Feld sind tief verschneit	Karl Büse	2 (+2Bi v (M))	55
Schneemann, kalter Mann (Schneemann, Schneemann)	Herbert Zimpel	4	56
Wir fahren mit dem Schlitten	Siegfried Stolte	4	56
Klingelt das Glöckchen	Siegfried Stolte	3	57
Weihnachtsmann (Kanonlied) / Schneemann (Morgen kommt der Weihnachtsmann / Seht den Mann)	Ältere Volksweise	2	57
Es ist ein' Ros entsprungen (Kanonlied)	Mittelalterliche Liedweise	2	58
Eia, wiege, weia	Siegfried Stolte	4 (+Bv)	58
In dulci jubilo (Kanonlied)	Mittelalterliche Liedweise	2	59
Halleluja	Mündlich überliefert	2	59
Halleluja	Philip Hayes	4	60
Fest des Friedens, Fest der Freude	Christian Lange	4	60
Läutet die Glocken	Siegfried Stolte	3	61
Glocken klingen	Mündlich überliefert	4	61
Weihnachtskanon (Strahlt der goldne Lichterschein)	Hans Naumilkat	4	61
Ausklang und Neubeginn (Kanonlied) (Das alte Jahr hat Schnee im Haar)	Herbert Kirmße	4	62
Zur Jahreswende (Ade dem alten Jahr / Viel Glück zum neuen Jahr)	Willi Maertens	3	62

Morgen und Abend

Schweigend ruht das Feld	Michail Anzew	2	64
Die Sonne geht auf	Siegfried Bimberg	3	64
Morgenstunde	Michael Praetorius	5	64
Der Morgen ruft (Morgenstund, Morgenstund)	Helmut Bräutigam	5	65
Erwacht, ihr Schläferinnen	Jacopo Gotifredo Ferrari	3	66
Frère Jacques / Bruder Jakob / Братец Яков / Are you sleeping	Mündlich überliefert	4	67
Hörst du nicht die Glocken klingen?	Helmut Bräutigam	3	67
Wachet auf	Johann Jakob Wachsmann	2	68
Die Sonn ist wieder da (Die Sonn, die Sonn ist)	Wolfgang Müller	2	68

Begierig, zu schauen den Tag (Jetzt komme, Feuer)	Herbert Zimpel	3	68
Guten Morgen, guten Tag	Christian Lange	4	69
Ja, das ist gut	Egmont Müller	4	69
Mährididieh (Früh, wenn der Bock schreit)	Mündlich überliefert	3	69
Der Morgen singt (Kanonlied)	Siegfried Stolte	2	70
Zum Beginn (Kanonlied) (Die Sonne macht den Morgen schön)	Christian Lange	3	70
Sei willkommen, du lieber Tag	Anton Schoendlinger	2	71
Mit Musik den Tag beginnen	Christian Lange	3	71
Der Tag beginnt und endet	Egon Rubisch	2	72
Zum Anfang und Beschluß (So wünschen wir uns)	Willi Maertens	3 (G)	72
Der Tag ist hin	Mündlich überliefert	3	72
Mein Tagewerk ist nun getan	Siegfried Stolte	4	73
Laßt uns all nach Hause gehen	Egon Rubisch	4	73
Feierabend (Bim, bam, bim, bam! Horch, es singt)	Mündlich überliefert	4	73
Frohes Schaffen, frohe Rast (Wenn die Sonne untergeht)	Christian Lange	3	74
Das Lied ist aus	Christian Lange	3	74
Abendruhe über unserm Lande	Rolf Lukowsky	4	75
Still senkt sich der Abend	Günter Olias	4	75
Abend (Langsam will der Tag)	Heinz Opitz	4	75
Glockenläuten (Bim, baum! Glocken läuten)	Hermann Stephani	3	76
Oh, how lovely is the evening/ O wie wohl ist mir am Abend	Mündlich überliefert	3	76
To Bett, to Bett I/II	Egon Rubisch	3+4	77
Abschiedskanon (Einmal laßt uns noch singen)	Heinz Opitz	4	77
Abenddämmerung sinket still	Siegfried Stolte	3	78
Wille, will, will, der Mann ist kommen (Liedkanon/Kanonlied)	Johannes Brahms	4	78
Schlaf, Kindlein, schlaf	Johannes Brahms	3	79
Bona nox	Wolfgang Amadeus Mozart	4	79
Bonsoir / Gut' Nacht	Französische Volksweise	4	80
Alles schweiget	Joseph Haydn	3	80

Freundschaft und Liebe

Wenn ich ein Vöglein wär (Liedkanon)	Egon Rubisch	3	82
Im Arm der Liebe	Ludwig van Beethoven	3	82
Freundschaft (Freundschaft ist die Quelle)	Ludwig van Beethoven	3	83
Wahre Liebe (Das ist die wahre Liebe)	Johann Friedrich Reichardt	4	83
Heut kommt der Hans zu mir	Mündlich überliefert	2	84
Beim Tag scheint die Sonne (Liedkanon/Kanonlied)	Horst Irrgang	3	84
Warnung (Mädchen, ach meide)	Carl Maria von Weber	3	85
Hätt i di, hab i di (Hätt i di, hätt i di)	Mündlich überliefert	2	85
Beaux yeux / Schöne Augen	Ungenannter Meister	3	86
Rose (Rose, shall I ever see / Rose, werd ich immer)	Ungenannter Meister	4	86
Im Weiberaug dräut Minne	Horst Irrgang	4	86
Im Tal, da liegt der Nebel	Mündlich überliefert	3	87
Ja und Nein (Es sagen Ja die Blicke)	Joseph Haydn	3	87
Der Kuß (Den Mund gab die Natur)	Ernst König	4	87
Dû bist mîn	Horst Irrgang	2	88
Kume, kum, geselle mîn	Siegfried Stolte	2	88
All mein Gedanken (Liedkanon)	Egon Rubisch	2	88
Was sich liebt	Rolf Lukowsky	3	88
Steter Tropfen höhlt den Stein	Rolf Lukowsky	4	89
Mancher Berg ist hoch und fern	Ukrainische Volksweise	2	89
Es wollt' ein Mägdlein tanzen gehn (Kanonlied)	Deutsche Volksweise	2	90
Schau ich dich an	Moritz Hauptmann	3	90
Prídi ty / Zeitig am Morgen (Kanonlied)	Slowakische Volksweise	2	91
Heute ist Geburtstag	Mündlich überliefert	4	92
Wir gratulieren (Wir kommen all)	Moritz Hauptmann	4	92
Zum Geburtstag (Viel Glück heut zum Geburtstag)	Mündlich überliefert	4	92
Glück und Freude	Giambattista Martini	3	92
Geburtstags-Kanon (Annette hat Geburtstag heut)	Andreas Unterumsberger	4	93
Ein neues Jahr voll Lieb und Freud (Wir wünschen dir/euch)	Mündlich überliefert	3	93

Ein' dunkle Wolk	Ältere Volksweise	2	94
(Es geht ein' dunkle Wolk)			
Gesegn dich Laub	Martin Plüddemann	2	94
Zum Abschied	Eusebius Mandyczewski	4	95
(Lebt wohl, ihr grünen Wiesen)			
Auf frohes Wiedersehn	Christian Lange	3	95
(Wenn wir auseinandergehn)			
Auf Wiedersehn (Kanon-Quodlibet)			
I Jederzeit hier und dort	Mündlich überliefert	3, 4	96
II Gut erholt wir heimwärts gehn	Horst Irrgang	2	96
Auf Wiedersehn, lebt wohl (Geselliger Abschiedskanon)	Horst Berner	4	96
(Auf Wiedersehn, auf Wiedersehn)			

Sinn und Spruch

Eines schickt sich nicht für alle	Mündlich überliefert	4	98
Ohne Fleiß kein Preis	Günter Altmann	3	98
Ergründe, ergrabe, ergreife das Glück	Herbert Zimpel	3	98
Liegt dir Gestern klar und offen	Herbert Zimpel	3	99
Wer Gutes tut	Friedrich Silcher	3	99
Du mußt steigen oder sinken	Siegfried Köhler	3	100
Ein Mensch – wie stolz das klingt	Horst Irrgang	3	100
Was des Volkes Hände schaffen	Christian Lange	4	100
Aus dem Funken wird die Flamme schlagen (Iskra-Kanon)	Christian Lange	4	101
Es löste aus Blindheit	Christel Lötzsch	4	101
Proletarier aller Länder, vereinigt euch	Herbert Zimpel	4	102
Den Sozialismus in seinem Lauf	Christian Lange	4	102
Und die Tat, sie bleibt uns doch	Christian Lange	4	102
(Darum laßt uns alles wagen)			
Arbeite, plane, regiere mit	Herbert Zimpel	3	103
Wann wir schreiten Seit an Seit (Liedkanon)	Egon Rubisch	3	103
Seid euch bewußt der Macht	Heidemarie Wunderlich	4	104
Wie wir morgen leben werden	Herbert Zimpel	4	104
(So, wie wir heute arbeiten)			
Einigkeit macht stark	Herbert Zimpel	4	104
(Allein sind wir nichts)			
Frieden der Welt	Siegfried Stolte	4	105
Jede Tat für den Frieden	Christian Lange	4	105
(Jeder Gedanke, jedes Wort)			
Ostsee, Meer des Friedens (Zur Ostseewoche)	Herbert Zimpel	4	105
(Von Rostock schallt ein Ruf)			

Dona nobis pacem	Mündlich überliefert	3	106
Wir wollen Frieden auf Erden	Ludwig Ernst Gebhardi	4	106
Willst du für den Frieden leben	Günter Olias	4	107
Was gibt uns wohl den schönsten Frieden	Herbert Zimpel	3	107
Bedenket es gut (Lernt, euer Leben)	Wilhelm Lutter	4 (G)	107
Sei willkommen, Kind (Zur Namensgebung) (Kind, wie schön, daß wir dich haben)	Heinz Krause-Graumnitz	4	108
Schritt für Schritt	Egon Rubisch	2(4)	108
Tretet ins Leben (Zur Jugendweihe)	Siegfried Stolte	3	108
Vom Ich zum Wir	Siegfried Stolte	2–4	109
Habe stets ein Ziel vor Augen (Deine Arbeit wird nichts taugen)	Herbert Kirmße	4	109
Es lebe die Arbeit	Andre Asriel	3	109
Wir schichten die Steine	Günter Altmann	3	110
Glück auf (Glück auf! Der Bergmann)	Siegfried Stolte	3	110
Dank sei dem Bergmann (Aus dem dunklen Schoß)	Siegfried Stolte	4	110
Wer unser neues Dorf nicht sieht (Wer seine Decke zieht)	Siegfried Stolte	5	111
Leineweber-Kanon (Aschegraue, dunkelblaue)	Christian Lange	3	111
Die Woche im Quodlibet (Am Montag wolln wir)	Christian Lange	7	112
Fang deine Arbeit munter an	Manfred Hollmann	3	114
Hejo, hart am Winde (Fahren wir zum Fange)	Rolf Lukowsky	3	114
Islandfischer (Wer will mit uns nach Island gehn)	Horst Irrgang	4	114
Anker auf (Anker auf, Schotten dicht)	Rolf Lukowsky	4	115
Faß mit an	Rolf Lukowsky	3	115
Anker hoch (Anker hoch! Es geht auf große Fahrt)	Horst Irrgang	2	115
Zum Sehen geboren (Lied des Türmers)	Siegfried Thiele	4	116
Frisch getan	Karl Büse	2	116
Übereilung tut nicht gut	Herbert Gadsch	3	117
Beherrschung (Die Herrschaft über den Augenblick)	Horst Irrgang	4	117
Was lange währt	Willi Maertens	3 (G)	117
Bleib dir selber treu	Karl-Rudi Griesbach	3–6	118
Zuspruch (Glaube nicht alles)	Kurt Schwaen	3	118

Trost (Des Lebens tiefstes Weh)	Joseph Haydn	3	.119
Immer aufwärts (Soll das Leben immer)	Christian Lange	3	119
Klugheit und Eitelkeit (Bedenk, lieber Malcher mein)	Joseph Haydn	6	120
Nicht jeder, der ein bißchen meckert (Nicht jeder, nicht jeder)	Willi Maertens	3 (G)	120
Wenn dir's in Kopf und Herzen schwirrt	Christian Lange	4	120
Suchst du nach der Wahrheit	Christian Lange	3	121
Zanken, Zanken und Disputieren	Kurt Schwaen	3	121
Gegen Trägheit (Warum ist der Weisen Zahl)	Herbert Gadsch	3	122
Das Glück liegt nicht hinter Bergeshöhn	Christian Lange	2–4	122
Wer allzeit bei dem Ofen sitzt	Manfred Hollmann	3	122
Wenn jemand eine Reise tut (Liedkanon)	Ludwig Matthies	3	123
Willst du immer weiter schweifen?	Joseph Haydn	5	123
Volkslieder-Tricinium (Quodlibet) (Es, es, es und es – Glück auf, ihr Bergleut – Glück auf, der Steiger kommt)	Horst Berner	3	124
Das schlechteste Rad am Wagen	Günter Altmann	6	126
Wenn mancher Mann wüßte I	Christine Rothe	2	126
Wenn mancher Mann wüßte II	Mündlich überliefert	4	126

Essen und Trinken

Essen, Trinken, das erhält den Leib	Wolfgang Amadeus Mozart	3	128
Wo der perlende Wein	Wolfgang Amadeus Mozart	6	129
Gewißheit (Ob ich morgen leben werde)	Karl Friedrich Zelter	4	129
Musica et vinum	Erasmus Sartorius	2	129
Trinkkanon (Freunde, lasset uns beim Zechen)	Wolfgang Amadeus Mozart	4	130
Zum schönen Festtagsschmaus (Wir fahren jetzt)	Günter Altmann	6	131
Vor der Mahlzeit (Ob Klöße oder Nudeln)	Fritz Bachmann	4	131
Steht der Teller auf dem Tisch	Rolf Lukowsky	4	132
Vivat, vivat diesem Trunke	Antonio Salieri	3	132
Überschrift eines Weinhauses (Wein, Bad und Liebe)	Joseph Haydn	4	133
Zum Martinstag (Martin, lieber Herre)	Ungenannter Meister	3	133
Kohldampf (Horch, wie der Magen knurrt)	Mündlich überliefert	2–4	134

Zum Schlachtfest	Siegfried Stolte	3	134
(Schwein, du bist tot)			
Dank den Helfern	Paul Donath	2	134
(Vor/Nach dem guten Mittagessen)			
Kraut und Rüben	Johann Sebastian Bach	2 (+Bv)	135
Vor dem Essen	Mündlich überliefert	3	135
(Gräser sünd wat Greunet)			
Brennsuppe	Mündlich überliefert	2	135
(Mei Muatta kocht a Brennsuppn)			
Soll's ein schöner Urlaub sein (Lied mit Kanon)	Siegfried Bimberg	(2)	136
(Seid gegrüßt, ihr lieben Gäste)			
Haus- und Tischspruch	Egon Rubisch	3 (+Bv)	137
(Freude den Kommenden)			
Nun sind wir satt	Siegfried Stolte	4 (−6)	137
T-e-e	Mündlich überliefert	2–4	138
(Tee: Russentee, Chinesentee)			
C-A-F-F-E-E	Karl Gottlieb Hering	3	138
C-a-f-f-e-e, trink nicht)			
Weißkohl und Sauerkraut	Siegfried Bimberg	4	138
(Wer im Sommer Weißkohl baut)			
Kellner, zahlen	Eusebius Mandyczewski	4	139
Wetterfest	Werner Hübschmann	2	139
(Unter den Menschen und Borsdorfer Äpfeln)			
Lautenspiel und Becherklang	Robert Schumann	3 (M)	140
(Laßt Lautenspiel und Becherklang)			
Wein, Weib und Gesang	Mündlich überliefert	4	141
(Wer nicht liebt)			
Fischgräten	Mündlich überliefert	4	141
(Hätt ich das gewußt)			
Pokapala na salaši / Alle sagen: Martin hat den Speck genommen (Kanonlied)	Slowakische Volksweise	2	142
Heigh ho, nobody home / Heho, keiner zu Haus	Englische Volksweise	4	143
Bei leerem Beutel zu singen	Dieter Nowka	3	143
(Tränke nur Wasser)			
Abgesang	Horst Irrgang	4	144
(Sankt Martin tät gut Wein gern saufen)			
Sauf aus	Hans Peetzow	3	144
(Wir sitzen hier)			

Spielen und Lernen

Aller Anfang ist schwer	Mündlich überliefert	3	146
Sehet die Männer (Kanonlied)	Mündlich überliefert	2	146

Im Gehen und Laufen	Mündlich überliefert	2	146
(Bald im Gehen)			
Esel fressen Nesseln nicht	Mündlich überliefert	3	146
Schnickschnack, Dudelsack	Fritz Bachmann	4	147
Es regnet, wenn es regnen will	Karl Friedrich Zelter	5	147
Neprš, neprš déšt' / Regen, falle nicht	Mährische Volksweise	2	147
Alle meine Entchen (Kanonlied)	Deutsche Volksweise	2	148
Mein Wagen hat vier Räder (Kanonlied)	Hermann Schütt	2	148
Eisenbahn von nah und fern – Mein Wagen hat vier Räder (Kinderlieder-Quodlibet)	Hubert Arlt	2	149
Eisenbahn fährt an	Wolfgang Horlbeck	4	150
Hühnerchen-Entchen-Quodlibet	Horst Berner	2	150
(Ei, ei, ei, ihr Hühnerchen – Alle meine Entchen)			
Ich war mal auf dem Dorfe (Kanonlied)	Fritz Bachmann	2	152
Tanz, tanz, Gretelein – Schwarze Pferde – Die Vögel wollten Hochzeit halten (Kinderlieder-Quodlibet)	Horst Berner	3	152
Petersil und Suppenkraut	Fritz Bachmann	4	154
Hummel und Biene (Kanonlied)	Annina Hartung	2	154
(Ich bin die Frau Hummel)			
Uhren-Kanon	Karl Karow	3	154
(Große Uhren gehen tick-tack)			
Laufen, Schreiten, Schleichen	Ilse Marquardt	3	155
(Lauf, lauf, lauf, denn diese Noten)			
Jetzt wolln wir lustig sein (Kanonlied)	Mündlich überliefert	2	155
(Jetzt wolln wir, jetzt wolln)			
Knusper, knusper, knäuschen	Mündlich überliefert	4 (+Bv)	156
Pustewind	Manfred Hollmann	3	156
(Blase nur, Herr Pustemeier)			
Ratschlag für Fußgänger (Verkehrserziehung)	Egon Rubisch	4	157
(Bei Grün, da hat es keine Not)			
Die Sonne geht auf (Kanonlied)	Siegfried Bimberg	3	157
Der Sputnik kreist	Herbert Zimpel	4	157
Sputnik fliegt im Weltenall	Ludwig Matthies	5	158
Pioniergruß	Hanns Eisler	4	158
(Seid bereit)			
Für das Glück der Republik	Hans Naumilkat	2–12	158
(Wir feiern und singen)			
Thälmanns Namen	Christian Lange	2–4	159
(Thälmanns Namen tragen wir)			
Sing mit, Pionier	Christian Lange	2	159
Heute lernen	Horst Irrgang	4	159
(Heute lernen, morgen schaffen)			

Lernen, lernen	Horst Irrgang	3	160
Fangt eure Arbeit fröhlich an	Christian Lange	4	160
Laßt die Arbeit froh beginnen (Zum Schuljahresbeginn)	Walter Möhl	3	160
Schön'n guten Tag	Christian Lange	3	161
Zögern bringt uns nicht voran	Christian Lange	3	161
Steh mit beiden Beinen auf der Erde	Horst Irrgang	3	161
Einladung (Wir laden euch ganz herzlich ein)	Christian Lange	3	162
Nun seid uns willkommen	Willi Maertens	4	162
Zum Kinderfest (Kanonlied) (Und nun kommt das Allerbeste)	Heinz-Hermann Gerhard	2	162
Laßt euch grüßen, Pioniere	Christian Lange	2–4	163
Sportfest (Hört den Fanfarenklang)	Sigurd Klaua	3	163
Wir haben einen Chor (Kanonlied)	Hans Naumilkat	2	163
Wehen blaue Fahnen	Horst Irrgang	3	164
Hellen Ton bläst die Fanfare	Horst Irrgang	4	164
Ein Ferientag im Kanon (Acht Kanons)	Siegfried Stolte		164
I Am Morgen (Wacht auf! Der Tag beginnt)		2	164
II Gegen Schlafmützen (In diesem Haus wohnt ein Geist)		3	164
III Bei Sport und Spiel (Laufen, hüpfen, schwimmen)		4	165
IV Vor dem Essen (Was für Gerüche)		3	165
V Nach dem Essen (Die Teller sind nun leer)		3	165
VI Im Urlaub (Ka-ka-ka-ka-ka-Kaffee)		3	166
VII Zur Nacht (Wer gern singt)		3	166
VIII Zum Abschied (Es war schön)		4	166

Freude und Allotria

Freude (Freude treibt die Räder)	Horst Irrgang	3	168
Wer schaffen will	Günther Diezel	3	168
Laßt uns jauchzen	August Mühling	4	168
Laßt froh uns sein	Wolfgang Amadeus Mozart	6	169

Freu dich des Lebens	Ludwig van Beethoven	2	169
Stimmt alle mit uns ein	Christian Lange/Annette Hirschfeld	3 (+Bi)	170
Lachkanon	Siegfried Stolte	4	171
(Wir, wir wollen lachen)			
Jidijumba	Helmut Böhmer	3	171
Hahaha	Luigi Cherubini	3	172
Sù cantemo / Auf nun, singen wir	Antonio Caldara	3	172
Three blind mice – Bruder Jakob, schläfst du noch (Kanon-Quodlibet)	Mündlich überliefert	4 (–6)	173
Lebensrezept (Scherzkanon)	Fritz Bachmann	4	174
(Wer des Morgens dreimal schmunzelt)			
Laß die Leute reden	Siegfried Stolte	3	174
Wenn einer, der mit Mühe kaum	Christian Lange	5	174
Signor Abbate	Ludwig van Beethoven	3	175
Das Mühlenrad (Scherzkanon)	Werner Hübschmann	2	175
(In einem kühlen Grunde)			
Hamdia dui	Mündlich überliefert	2	176
Wann mei Mutterli balket	Mündlich überliefert	2	176
Briefliche Anfrage	Wolfgang Amadeus Mozart	4	177
(Lieber Freistädtler)			
Als ich einmal reiste (Kanonlied)	Deutsche Volksweise	2	178
Tanz rüber, tanz nüber (Kanonlied)	Deutsche Volksweise	2	179
Fröhlich angefangen	Siegfried Stolte	3	179
(Fröhlich, ja fröhlich angefangen)			
Getanzt, gelacht, gesungen (Boogie-Kanon)	Siegfried Stolte	4	180
(In Leipzig wird getanzt)			
Unser Hans hat Hosen an (Kanonlied)	Deutsche Volksweise	2	180
Who comes laughing / Wer kommt lachend	Mündlich überliefert	3	181
London 's burning / In London brennt es	Mündlich überliefert	3	181
Die Henne	Theodor Hlouschek	4 (+Bi)	182
(Die Henne fröhlich ga-ga-ga-gackt)			
Drei Gäns im Haberstroh	Mündlich überliefert	4	183
Ochsen-Kanon	Horst Berner	3	183
(Es können die Ochsen / Mit fröhlichem Singen / Am Morgen zu singen)			
Sweetly sings the donkey / Lieblich singt der Esel	Englische Volksweise	3	184
Frosch-Kanon	Mündlich überliefert	3 (6)	184
(Heut ist ein Fest)			
Frosch am See	Horst Irrgang	4 (+Bv)	184
Frosches Abendlied	Fritz Bachmann	4	185
(Quak, quak, quak, der Frosch)			
Hei, Mutter, der Fink ist tot	Ungenannter Meister	3 (M, +Bv)	185

Mit Güte (Mit Güte lockt fast überall)	Hans Sandig	4	185
Kookaburra (Kookaburra sits on the old gum tree)	Australische Volksweise	4	186
Der Kuckuck und der Esel (Liedkanon)	Christian Lange	3	186
Maus und Katz (Knispel, knispel)	Horst Irrgang	3	187
Hund und Katze (Wau, wau, wau)	Horst Irrgang	2 (+2 Bv (M))	187
Laßt uns fröhlich sein (Laßt uns singen, tanzen, springen)	Egon Rubisch	4	188
Wir Bremer Stadtmusikanten (Quodlibet)	Horst Berner	5	188
Mäuse-Kanon (Liedkanon/Kanonlied) (Geht der Kater zum Tanz)	Hans Naumilkat	4	190
Posthorn (I fahr, i fahr)	Mündlich überliefert	2	190
Um des Reimes willen (Tief im grünen Wald)	Eusebius Mandyczewski	3	190
Raste nie	Siegfried Stolte	3	191
Wann ich weiß	Franz Lachner	3	191
Kein Mädchen ohne Lieb	Herbert Gadsch	4	192
Rotzige Leut	Herbert Gadsch	4	192
Drei Frauen, drei Gänse und drei Frösche	Herbert Gadsch	3	192
Ich armes welsches Teufli	Mündlich überliefert	3	193
Klatschtanten	Mündlich überliefert	4	193
Der Sultan kommt (Ihr Vögel, zwitschert)	Friedrich Kuhlau	3	194
Er ist da	Friedrich Kuhlau	3	194
Der Sultan hat gegähnt (Pflichtschuldigst gähnet)	Friedrich Kuhlau	3	195
Wenn die Bettelleute tanzen – Alleweil ein wenig lustig (Quodlibet)	Paul Donath	2 (G)	196
Wetterregel? (Kräht der Hahn)	Herbert Zimpel	4	197
Honza s Frantou / Hans und Fritze	Tschechische Volksweise	4	197
Ein einzig böses Weib	Joseph Haydn	3	198
Das Hexen-Einmaleins (Liedkanon/Kanonlied) (Du mußt verstehn)	Joseph Haydn	4	198
Du bist mich doch nicht krank? (Was is mich das, mein Kind)	Manfred Hollmann	3	199
Am Stammtisch ('s hat manches keinen Sinn!)	Christian Lahusen	4	199

Musikalisches Allotria (Quodlibet)	Mündlich überliefert........	7	200
(Die erste Stimme singt)			
Lorenz, Lorenz	Mündlich überliefert........	4	203
Ich wollt, ich wär ein Elefant	Mündlich überliefert........	4	203
Junger Engel, alter Teufel	Herbert Gadsch	4	203
(Ein junger Engel)			
Klingendes Allerlei (Quodlibet)	Christian Lange	4 (+Bi)	204
(Drunten im Unterland – Heut kommt der Hans zu mir – Kommt ein Vogel – Im Märzen der Bauer)			
Chairs to mend / Stühle zu flicken	William Hayes.............	3	207
Wenn alles sitzen bliebe................	Karl Ottomar Treibmann	4	207
Für tausend Taler nicht	Karl Büse	4	208
(Ich möcht für tausend Taler nicht)			
Gerade ist nicht krumm	Horst Irrgang	3	208
(Rundherum! Gerade ist nicht krumm)			
Ars longa	Ludwig van Beethoven	4	209
Difficile lectu mihi mars (Scherzkanon) ...	Wolfgang Amadeus Mozart ..	3	209
Leck mich im Angesicht	Carl Maria von Weber	3	210
Resignation	Mündlich überliefert	4	210
(Als ich noch klein war)			
Da capo	Mündlich überliefert	4	210
(Kommen wir zum Ende dann)			

Erklärung der Besetzungsangaben siehe Hinweise zur Ausführung (Vorbemerkung)

Singen und Klingen

Fröhlich wollen wir singen

Zu 4 Stimmen*

Mündlich überliefert

1
2
3
4
Schluß
Fröh- lich wol- len wir nun sin- gen.
Hei, so laßt es mun- ter klin- gen!
Hei!

* Nach einem „mozärtlichen“ Thema – Auch auf andere Texte zu singen, z. B.: Fröhlich sei das Mittagessen, Singen wolln wir nicht vergessen!

Jeder, der singen kann

Zu 2 Stimmen

Christian Lange

1
2
Je- der, der sin- gen kann, stimmt mit uns ein.

Rundherum

I Zu 2 oder 3 Stimmen

Horst Irrgang

1
2
(3)
Rundher- um, di-del-dum, laßt uns sin- gen, je- der-
mann wie er kann aus vol- lem Hals!

II Zu 4 Stimmen

Horst Irrgang

1
2
Rund- her- um! Kommt, seid nicht stumm!
3
4
Un- ser Lied zum Him-mel steigt, wenn der Tag sich neigt.
(zeigt.)

Laßt die Stimmen hell erklingen – Nun fanget an

(KLEINES KANON-QUODLIBET)

Zu 8 Stimmen im Doppelkanon
(Jeder Kanon auch für sich: I zu 2 bis 4, II zu 3 oder 4 Stimmen)

I

August Mühling

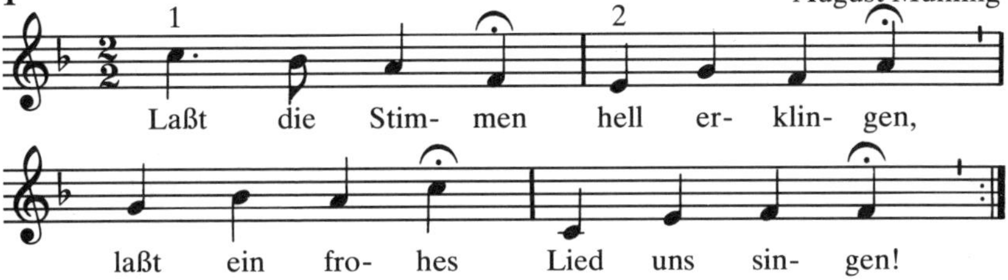
1
2
Laßt die Stimmen hell erklingen,
laßt ein frohes Lied uns singen!

Worte in neuerer Zeit unterlegt

II

Horst Irrgang

1
2
Nun fanget an, nun fanget an, ein
3
4
guts Liedlein zu singen!

Hans Leo Haßler

Komm, mach mir einmal alles nach

Zu 2 Stimmen

Ilse Marquardt

1
2
Komm, mach mir einmal alles nach, ob ich
singe, ob ich lache: Ha, ha-ha-ha-ha-
ha, ha, ha, ha, ha! Gib du nur fleißig
auf mich acht, dann hast du es schon gut gemacht.

Jeden Tag ein Lied

Zu 4 Stimmen

Siegfried Bimberg

1
2
Je- den Tag ein Lied, das uns viel Freu- de
3
4
macht. Nun singt mit uns, singt al- le mit!

Raimund Hoge

Im Kanon voran

Zu 2 Stimmen

Christian Lange

1
2
Ei- ne Stimme geht vor-an, und im Ka-non klingt es dann.

Folge mir

Zu 2 Stimmen

Mündlich überliefert

1
2
Hör auf mich und fol- ge mir: Bei-de Stimmen sin-gen wir.

Kommt und singt

Zu 4 Stimmen

Franz Fischer

1
2
Lie- be Freun-de, kommt, wir wol-len sin- gen, laßt zur
3
Freu- de uns ein Lied er- klin- gen, denn ein Lied ver-
4
jagt die Sor- gen. Kommt und singt!

Alle singen mit

Zu 3 Stimmen

Siegfried Bimberg

1
2
3
Al- le sin- gen mit uns im Chor. Un- ser Lied dringt
je- dem ins Ohr. Al- le sin- gen mit!

Raimund Hoge

Laßt klingen unsre Lieder

Zu 4 Stimmen

Siegfried Stolte

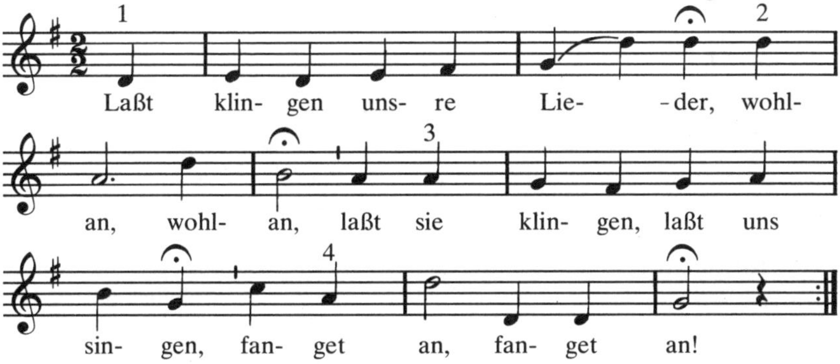
1
2
3
4
Laßt klin- gen uns- re Lie- -der, wohl-
an, wohl- an, laßt sie klin- gen, laßt uns
sin- gen, fan- get an, fan- get an!

O Musica, dein Klang

Zu 4 Stimmen

Heinz Opitz

1
2
3
4
O Mu- si- ca, dein Klang er-
fül- le un- ser Le- ben, da- mit wir wah- re
Freu- de ge- ben, dein Klang, o Mu- si- ca!

Viva la musica

I Zu 3 Stimmen — Michael Praetorius

1 2 3
Vi- va, vi- va la mu- si- ca! Vi- va, vi- va la
mu- si- ca! Vi- va la mu- si- ca!

II Zu 4 Stimmen — Mündlich überliefert

1 2 3 4
Vi- va, vi- va la mu- si- ca,
vi- va la mu- si- ca, vi- va la mu- si- ca!

Übersetzung: Es lebe die Musik! — Alter Spruch

Nun fanget an

Zu 3 Stimmen — Mündlich überliefert

1 2 3
Nun fan- get an, ein guts Lied- lein zu sin- -
gen! Laßt In- stru- ment und Lau- ten auch er-
klin- gen! Drum spielt und singt, daß al- les
klingt, helft un- ser Fest auch zie- -ren!
3. 2. 1.

Worte nach Hans Leo Haßler

Laßt uns singen

Zu 3 Stimmen

Horst Irrgang

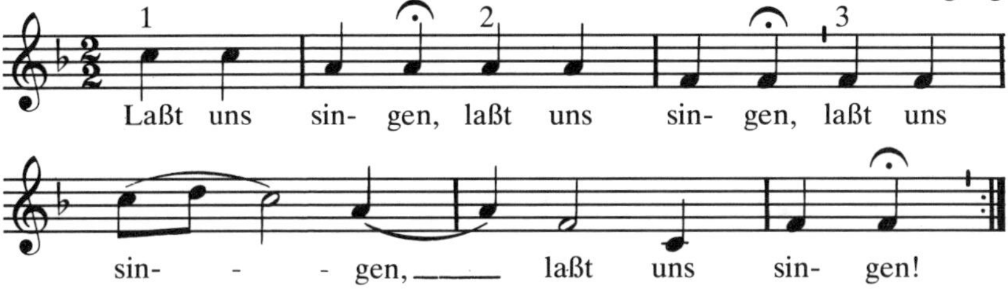
1 2 3
Laßt uns sin- gen, laßt uns sin- gen, laßt uns
sin- - - gen, laßt uns sin- gen!

Auf, ihr Freunde

Zu 4 Stimmen

Karl Gottlieb Hering

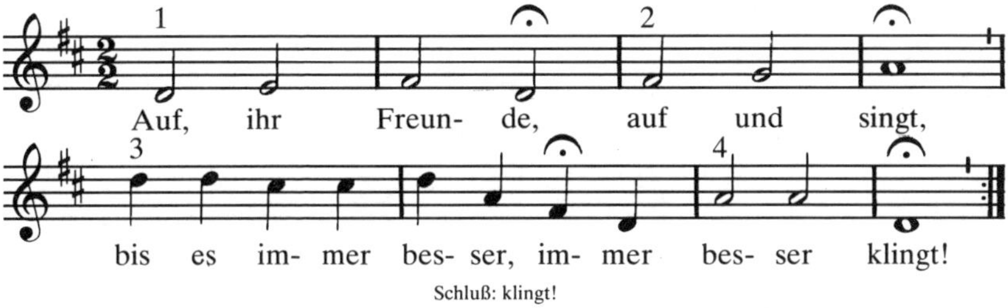
1 2
Auf, ihr Freun- de, auf und singt,
3 4
bis es im- mer bes- ser, im- mer bes- ser klingt!
Schluß: klingt!

Fröhlich fangt alle an

Zu 4 Stimmen

Melchior Vulpius

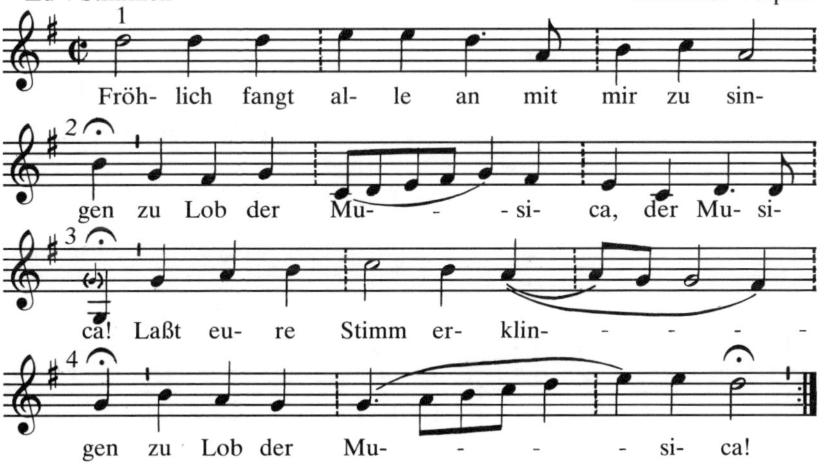
1
Fröh- lich fangt al- le an mit mir zu sin-
2
gen zu Lob der Mu- - - si- ca, der Mu- si-
3
ca! Laßt eu- re Stimm er- klin- - - - -
4
gen zu Lob der Mu- - - - si- ca!

Stimmet mit ein

Zu 4 Stimmen | Rolf Lukowsky

1
Stim- met mit ein in un- se- re Lie- der,
2
3
fin- det euch noch fe- ster zu- sam- men!
4

Raimund Hoge

Neue Lieder laßt uns singen

Zu 3 Stimmen | Siegfried Stolte

1
Neu- e Lie- der laßt uns sin- gen, neu- e
2
Stra- ßen laßt uns gehn! Stei- le Hän- ge gilt's zu
3
zwin- gen, bis wir auf dem Gip- fel stehn.

Inge Handschick

Kommt her und singt

Zu 4 Stimmen | Siegfried Bimberg

1
Kommt her, fa- la- la- la- la, und
2
singt, fa- la- la- la- la!
3
Singt im- mer mit uns,
4
fa- la- la- la- la- la- la, la- la!
Schluß: la- la!

Wer Musicam verachten tut

Zu 8 Stimmen | Johann Staden

1 2 3 4
Wer Mu- si- cam ver- ach- -ten tut,
5 6 7 8
der ist nicht wert,___ sie z'hö- ren gut.

O wie schön die hellen Lieder klingen

Zu 4 Stimmen | Moritz Hauptmann

1 2 3 4
O wie schön die hel- len Lie- der klin- gen!
Schlüsse: 3. schön, 2. wie schön! 1. sind!

Ein frohes Lied regt an

Zu 4 Stimmen | Ernst König

1
Ein fro- hes Lied regt an zu gu- tem
2
Tun,___ drum laßt uns nach ge- ta- ner Ar- beit
3
sin- gen. Die Stim- men ro- sten, die e- wig
4
ruhn. Das Lied der gu- ten Ta- ten soll er- klin- gen.

Das Lied erzählt

Zu 3 Stimmen — Henry Lawes

1
Das Lied tut kund des
2
Vol- kes Mund und
singt es rund, was
3
der- mal- einst ge- schah.

Worte nach dem Leitspruch eines alten Balladenbuches

Hell klingt unser Lied

Zu 3 oder 4 Stimmen — Ernst Hermann Meyer

Allegro

1
Hell klingt un- ser Lied vom neu- en
2
Le- - ben, das Lied vom jun- gen
3
Tag, von Scherz und heit- rem Spiel, von
4
fro- hem Wandern Seit' an Sei- te.
Schluß: klingt's.

Laßt uns gemeinsam singen

Zu 3 Stimmen — Gerhard Walther

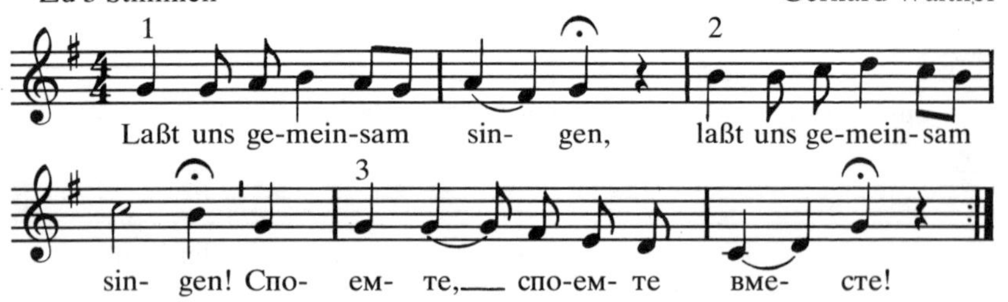
1
Laßt uns ge-mein-sam sin- gen,
2
laßt uns ge-mein- sam sin- gen! Спо-
3
ем- те, спо-ем- те вме- сте!

Übersetzung: Singt, singt gemeinsam!

Laßt uns fröhlich sein und singen

Zu 3 Stimmen

Herbert Zimpel

1 2 3
Laßt uns_fröh- lich sein und sin- gen, uns- re Lie- der
sol- len klin- gen und_ den Menschen Freu- de_brin- gen!

Alter Spruch

Laßt ein frohes Lied uns singen

Zu 4 Stimmen

Mündlich überliefert

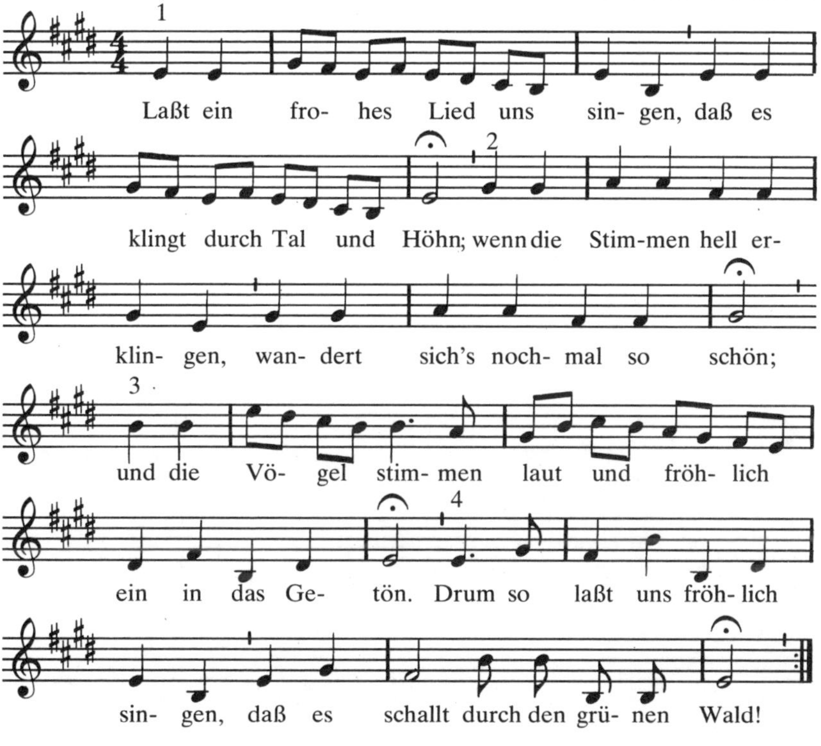
1 2 3 4
Laßt ein fro- hes Lied uns sin- gen, daß es
klingt durch Tal und Höhn; wenn die Stim-men hell er-
klin- gen, wan- dert sich's noch- mal so schön;
und die Vö- gel stim- men laut und fröh- lich
ein in das Ge- tön. Drum so laßt uns fröh- lich
sin- gen, daß es schallt durch den grü- nen Wald!

Die Musik ist die beste Kunst

Zu 3 Stimmen

Ungenannter Meister
in Johann Valentin Meders Stammbuch, um 1670

1
2
Die Mu- sik ist die be- ste Kunst, da- mit er-
3
wirbt man Ehr und Gunst.

Schluß: Gunst.

Halalali, Musikanten

Zu 3 Stimmen

Helmut Bräutigam

1
Ha- la- la- li, ha- la- la- li, Mu- si-
kan- ten, die sind hie! Ha- la- la- li, ha- la- la-
2
li, Mu- si- kan- ten, die sind hie! Sie
kön-nen wohl dies und können wohl das, sie fan- gen
3
an zu sin- gen und al- le Sai- ten klin- gen. Sie
Schluß: sin- - -gen.
kön-nen wohl dies und kön- nen wohl das, und was uns
sonsten macht Spaß, das wird ih- nen stets ge- lin- -gen.

Aus: Helmut Bräutigam, Zwölf Kanons Op. 41. VEB Breitkopf & Härtel, Leipzig

Die Tonleiter

Zu 3 Stimmen

Ludwig van Beethoven

1
Ich bitt dich, ich bitt dich, schreib mir die
C- Ska- la auf!
2
A,
3
a,
a,
a!

Original Es-Dur

Auf den Erfinder des Metronoms

Zu 4 Stimmen

Ludwig van Beethoven

(♩= 72)
1
Ta- ta- ta- ta- ta- ta- ta- ta- ta- ta- ta- ta- ta- ta- ta- ta,
lie- ber, lie- ber Mäl- zel,
2
ta- ta- ta- ta- ta- ta- ta- ta-
ta, le- bet wohl, sehr wohl!
3
Ta- ta- ta- ta- ta- ta- ta- ta-
ta, Ban-ner der Zeit! Ban- ner der Zeit, ta- ta- ta- ta- ta-
4
ta- ta- ta- ta- ta- ta- ta- ta, gro- ßer, gro- ßer
Me- tro- nom! Gro- ßer Me- tro- nom, ta- ta- ta- ta- ta-

Original B-Dur, geschrieben auf Johann Nepomuk Mälzel

Klingen hell die Geigen

Zu 3 Stimmen

Siegfried Stolte

1 2 3
Klin- gen hell die Gei- gen, vi- ri- di, bi- ri- di,
schrum, schrum, schrum, schwingt euch froh im
Rei- gen im- mer rund, im- mer rund-her- um!

Hanna Stolte

Kleine Intervallehre

I Zu 3 Stimmen

Eusebius Mandyczewski

1
Die Prim, die Se- kund, die Terz, die Quart, die
2
Quint, die Sext, die Sept, die Ok- tav: al- le,
al- le In- ter- val- le sin- gen wir in je- dem
3
Fal- le mit ge- wohn-tem lau- ten Schal- le, je- der
Ton muß klar und rein bei ge- schul- ten Sän- gern sein.

II Zu 3 Stimmen

1
Die Prim, die Se- kund, die Terz, die Quart, die
2
Quint, die Sext, die Sept, die Ok- tav: so
wird der Ka- non um- ge- kehrt und klän- ge
3
auch noch sehr ge- lehrt; doch wär er des- halb
viel mehr wert? Ach nein! Grad um- ge- kehrt!

Laßt Gesänge erschallen

Zu 3 Stimmen

Friedrich Schneider

1
Auf, laßt Ge- sän- ge er- schal- len, es
2
tö- ne im Chor ein fest- li- ches Lied, es
3
tö- ne im Chor ein fest- li- ches Lied!

Juchhe, der Spielmann

Zu 3 Stimmen

Ilse Marquardt

1
Juch- he, der Spielmann spielt auf der Schrum uns ein
Lied. Drum hur- tig an- ge- faßt und nicht den Tanz ver- paßt!
2
Hei- dideldei, wie's Zöpfchen fliegt, wenn man sich fröhlich wiegt;
spiel im- merzu, mein Spielmann, du, gönn dir kei- ne Ruh!
3
Schrum, schrum, schrum, schrum, schrum, schrum-di- schrum, schrum,
schrum, schrum, schrum, schrum, schrum, schrum- di- schrum!

Kommt, singt und spielt

Zu 3 Stimmen

Siegfried Stolte

1
Kommt, singt und spielt, kommt, singt und spielt!
2
Laßt uns al- le ju- bi- lie- ren, tan- zen, sin- gen, mu- si- zie- ren.
3
Kommt, singt und spielt, wir wol- len fröh- lich sein!

Musikantenlob

Zu 3 Stimmen

Helmut Böhmer

1 2 3
Spiel- mann, das hast du gut dir aus- ge- dacht:
singst uns ein Lied der Freu- de. Singst von der Hei- mat,
die neu er- wacht in ei- nem mor- gen-fri- schen Klei- de.

Schluß unisono im ausgehaltenen Schlußton oder:

1
Spiel- mann, das hast du gut dir aus- ge- dacht!
2
Spiel-mann, sing im- mer- zu!
3
Spiel-mann, sing wei- ter!

Unser Lied klingt jederzeit

Zu 8 Stimmen

Christian Lange

1 2 3
Ob die Son- ne scheint, ob trüb die Welt, ob der
4 5 6
Him- mel weint und Re- gen fällt, ja, selbst wenn es schneit,
7 8
— singt mit, denn un- ser Lied klingt je- - der- zeit!

Glocken-Kanon

Zu 6 Stimmen

Tschechische Volksweise

Langsam
Na- še zvo- ny pěk- ně zně- jí, když ve svá- tek
Weit-hin klin- gen uns- re Glok-ken, wenn am Fest- tag
vy-zvá-ně-jí:
al- le läu-ten: Bim, bam, bim, bam, bim, bam,
bim, bam,
bim, bam,
bim, bam,
když ve svá-tek vy- zvá-ně- jí:
wenn am Fest-tag al- le läu-ten:
bim, bam, bim, bam, bim, bam,
Bim, bam, bim, bam, bim, bam,

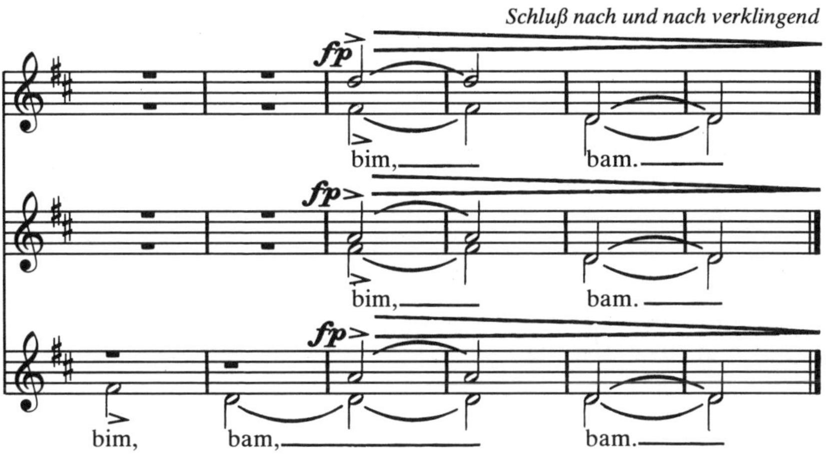
Schluß nach und nach verklingend
fp
bim, bam.
fp
bim, bam.
fp
bim, bam, bam.

Worte aus dem Tschechischen übertragen von E. R.

Meine Zimbel

Zu 3 Stimmen

Giambattista Martini

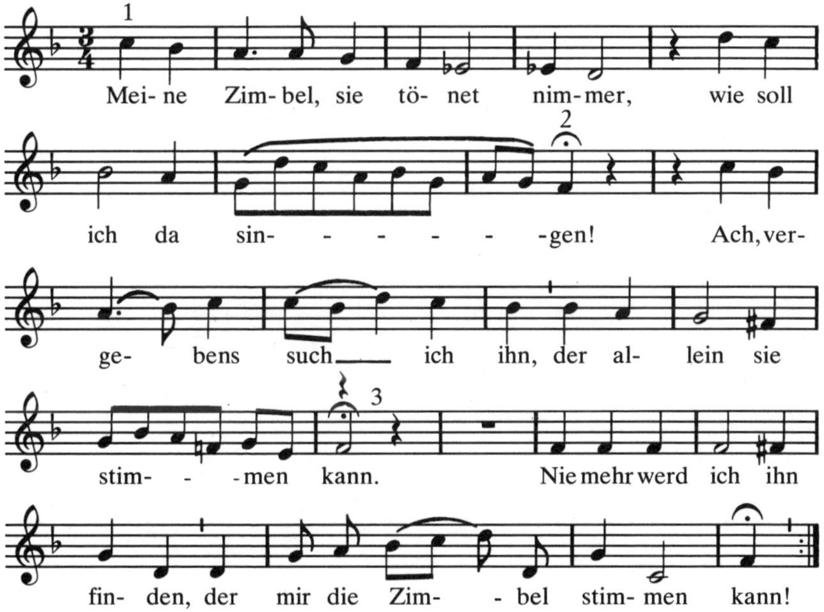
1
Mei- ne Zim- bel, sie tö- net nim- mer, wie soll
2
ich da sin- - - - - -gen! Ach, ver-
ge- bens such ich ihn, der al- lein sie
3
stim- - -men kann. Nie mehr werd ich ihn
fin- den, der mir die Zim- - bel stim- men kann!

Singt mit uns

Zu 5 Stimmen

Christian Lange

1 Hier in un- serm Krei- se 2 klingt es laut und lei- se. 3 Singt mit uns, stimmt ein, 4 daß das Lied von Herz zu Her- zen 5 springt!

Schluß: singt!

Raimund Hoge

Sei kein Frosch, sing mit

Zu 2 oder 4 Stimmen

Horst Berner

1 Bist du manch-mal auch noch müd', mach's wie wir und sing ein fro- hes Lied! 2 Denn ein je- der weiß: Mu- sik macht fit! Sei kein Frosch, sing fröh- lich mit!
(2) 3 Du- du- du- du- du- du- du, du- du- du- du- du- du! 4 Du- du, du- du- du- du- du- du! Sei doch kein Frosch, sing mit!

Dur- und Moll-Tonleiter

Zu 2 Stimmen

Christian Lange

1
So steigt in Dur die Ton- lei- ter auf!
2
In Moll nimmt sie ab- wärts ih- ren Lauf.

Hört und singt mit

(ECHO-KANON)

Zu 3 Stimmen

Christian Lange

1 2 3
Hört und singt mit! Das E- cho ruft uns
je- den Ton zu- rück: Hal- lo, hal- lo! So
klingt es,— und ist's auch schwierig, nie miß-
lingt es. Ja, wenn wir sin- gen an die- sem
1.
schö- nen Ort, so tönt es im- mer fort. Dar-um:
2.
schö- nen Ort, stets hat das E- cho das letz-te Wort.

Ein „Mo-zart"-Kanon

Zu 3 Stimmen*

Gottfried Glöckner

1
Es gab schon vie- le Mei- ster von A- dam bis Ra-
2
meau. Die ei- nen kompo- nier- ten hart, die an- dern
3
zart. Tral-la- la-la- la- la, tral- la- la- la- la- la.

* Um die beabsichtigte musikalisch-textliche Pointe „Mo-(= meau)-zart" hörbar zu machen, müssen alle Stimmen zum Abschluß des Kanons gut aufeinander abgestimmt sein. – Die letzte Kanonzeile entstammt der Sinfonie A-Dur, KV 114, von W. A. Mozart.

Man singt zum Spaß

Zu 3 Stimmen

Christian Lange

1
Man singt zum Spaß mal dies, mal das, so
du- bi- du- bi- du- bi- du- bi- jeh. Die Me- lo-
2
die klingt spät und früh, so du- bi- du- bi- du- bi- du- bi-
jeh. Jetzt ge- gen den Takt, und wer das
3
kann, fängt mit uns noch ein- mal von vor- ne an:

Melodie im Kanon

Zu 3 Stimmen

Christian Lange

1 2 3
Wer die Me- lo- die schön sau- ber singt,
hilft, daß sie nun auch im Ka- non er- klingt.
Schlüsse: 3. sau- ber singt, 2. er- klingt.

Kling, mein Lied

Zu 3 Stimmen

Siegfried Bimberg

1 2
Kling, mein Lied, mein Lied er- kling! Wek- ke die
3
Schlä-fer und eil durch das Land! Kling, mein Lied, kling, mein Lied!

Edith Bergner

Singen ist das Fundament

Zu 3 Stimmen

Christian Lange

1
Sin- - -gen ist das Fun- da- ment zur Mu- sik in
2
al- len Din- - gen. Sin- - gen ist das Fun- da-
3
ment zur Mu- sik, Sin- - - gen, Sin- gen, Sin- gen.

Georg Philipp Telemann

Lob und Preis der Musica

Zu 3 Stimmen

Franz August Bauer

1 2 3
Auf, und laßt uns fröh- lich sin- gen, laßt die Stim- men
3. 2. 1.
hell er- klingen zum Lob und Preis der Mu- si- ca!

Laßt uns singen und fröhlich sein

Zu 4 Stimmen

Wolfgang Müller

1 2 3 4
Laßt uns sin- gen und fröh- lich sein!
Schlüsse: -zen! sein!
Laßt uns tan- - - - - - - - - -zen!
tan- - - - - - - - - - -

Viel Freude wird sein

Zu 3 Stimmen

Günter Altmann

Lebhaft
1 2 3
Viel Freu- de wird sein, wo Mu- sik zie- het ein.
Sie will je- den wek- ken, dringet in die Ek- ken, jagt
Trüb- sinn hin- aus, er- fül- let das Haus.

Hanna Stoll

Die volle Harmonie

Zu 3 Stimmen

Mündlich überliefert

1
Schön und lieb- lich ist ei- ner Stim- me
Me- lo- die, 2 und die zwei- te be-
glei- tet und ver- schö- net sie, 3 doch die
drit- te gibt erst die vol- le Har- mo- nie.

Singen, tanzen, fröhlich sein

Zu 3 Stimmen

Christian Lange

1 2 3
Sin- gen, tan- zen, fröh- lich sein und mu- si- zie- ren
Schluß: Sin- - -gen!
gibt für die Ar- beit uns neu- en Mut.
Dar- um wolln wir al- le die- ses Lied pro- bie- ren,
denn auch im Ka- non geht es recht gut.

Ehre der Musik

Zu 4 Stimmen

Heinz Krause-Graumnitz

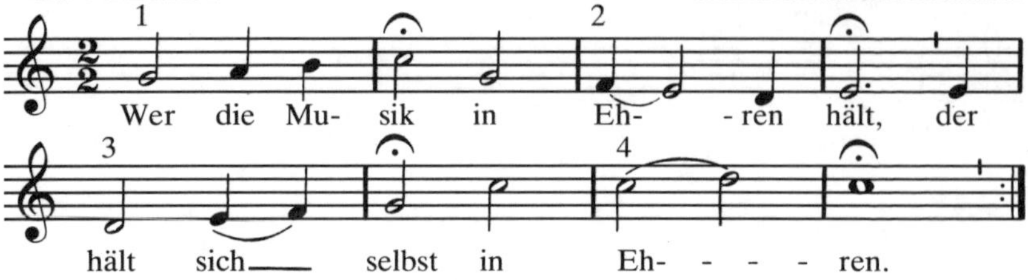
1 2 3 4
Wer die Mu- sik in Eh- - ren hält, der
hält sich selbst in Eh- - - - ren.

Christian Weise

Ein Talent, das jedem frommt

Zu 4 Stimmen

Siegfried Müller

Mit festlichem Schwung
1 2 3 4
Ein Ta- lent, das je- dem frommt, hast du in Be-
sitz ge- nom- men. Wer mit hol- den
Tö- nen kommt, wer mit hol- - - - - - den
Tö- - - - nen kommt, ü- ber- all ist der will-
kom- men, ü- ber- all ist der will- kom-men. Will-
kommen, will- kommen ü- ber- all!

Johann Wolfgang von Goethe

Wie das Wasser hell und klar

Zu 3 Stimmen

Christian Lange

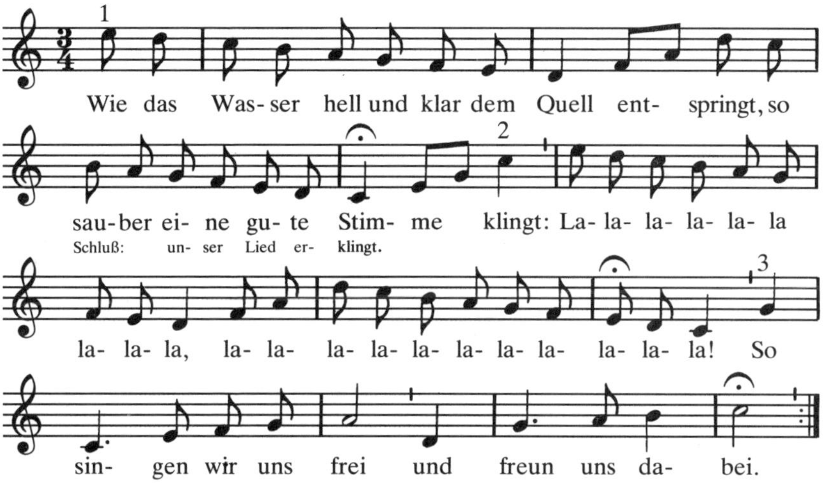
1
Wie das Was- ser hell und klar dem Quell ent- springt, so
sau- ber ei- ne gu- te Stim- me klingt: La- la- la- la- la- la
Schluß: un- ser Lied er- klingt.
2
la- la- la, la- la- la- la- la- la- la- la- la- la- la! So
3
sin- gen wir uns frei und freun uns da- bei.

Rum, rum, rudeldudeldum

Zu 2 Stimmen

Eusebius Mandyczewski

1
2
Geht es hin- auf und hin- un- ter die- Lei- ter,
sin- gen wir hei- ter, und so klingt es wei- ter: Rum, rum,
ru- del- dudeldum, rum, rum, ru- deldu- deldum!
Ei, das ist ein wah- res, ein wah- res Gau- di- um!
Schluß: wah- res Gau- di- um!

Textvariante unterlegt von E. R.

Zin-zin-zin

Zu 4 Stimmen

Italienische Volksweise

1
2
3
4
Zin- zin- zin fa il vi- o- li- no; drin - drin -
Zin- zin- zin, die Gei- ge sin- get; drin - drin -
drin fa il chi- tar- ri- no. Zum - zum - zum fa il
drin, Gi- tar- re klin- get. Zum - zum - zum, der
con- tra- bas- so; ta- ta- ta il cor- no fa.
Kon- tra- bas- so; ta- ta- ta: das Horn macht's so.

Worte aus dem Italienischen übertragen von E. R.

Wo man singt

Zu 3 Stimmen

Christian Lange

nach einer überlieferten Weise

1
2
3
Wo man singt, da laß dich ru-hig nie-der, stimme mit in
un-ser Singen ein! So er- klin-gen altvertraute Lie-der,
— doch auch das Neu-e soll uns willkommen sein. Tra-la- la,
la- la, trala-la-la- la! Ja, beim frohen Singen sind wir da!

Ein kleines Lied

Zu 4 Stimmen

Christian Lange

1
Ein klei- nes Lied vor- ü- ber- zieht,
2
Es will euch grü- ßen, und es la- det al- le
3
ein. Hört schön zu, dann lernt ihr's auch im
4
Nu, kommt, singt mit, laßt uns fröh- - lich sein!

Nanna und Minna

Zu 4 Stimmen

Mündlich überliefert

nach Karl von der Heyde

1
Nan-na und die Min-na
2
san- gen ein Du- ett,
3
'swar nit schön, drum üb- ten sie
4
von früh bis a- bends spät:.
Nan- na, nan-na, nan-na, nan-na, nan-na, nan-na,
nan-na- na und min-na, min-na, min-na, min-na, min- na.

Weise in veränderter Fassung von E. R.

C, B, A und immer weiter

(KREBSKANON)

Zu 2 Stimmen

Kurt Schwaen

1
C, B, A und im- mer wei- ter ab- wärts
führt die F- Dur- Lei- ter
2
C, C, C, C,
doch da- bei gibt's ei- nen Dreh: Denn von rück- wärts
mal ge- se- hen, C, C, C, C, ist das glei- che
Schluß: C, F.
auch ge- sche- hen; auf- wärts heißt es jetzt A, B, C.

Hofmeister-Kanon

Zu 2 Stimmen

mit einem Ostinato für Männerstimme ad lib.

Wolfram-Theo Freudenthal

Fröhlich

1(F – H)*
Früh übt sich, wer ein Mei- ster wer- den will,
2
mit Musi- ka- lien aus dem Hofmeister - Haus.
Ostinato für Männerstimme:
(♭)
Hof-meister-Schulen welt- be- kannt.

*FH = Friedrich Hofmeister, zum 175-jährigen Bestehen des Verlages am 19. März 1982.

Jahr und Zeit

Auf Neujahr

Zu 2 Stimmen

Deutsche Volksweise

1 2
1. Das al- te ist ver- gan- gen, das
2. Das al- te laßt uns schlie- ßen, das
3. Es bring euch Heil und Se- gen, viel
1. STIMME
2. STIMME
1. neu- e an- ge- fan- gen: fan- gen:
2. neu- e freund-lich grü- ßen. grü- ßen.
3. Freu- de al- ler- we- gen! we- gen!
1 2
Glück zu, Glück zu, zum neu- en Jahr!
Schluß: 2. zum neu- en Jahr!

Altes Ansingelied

Viel Glück

Zu 4 Stimmen

Egon Rubisch

1 2 3 4
Viel Glück, viel Glück, viel Glück, viel Glück!

Viel Glück und Freude zum neuen Jahr

Zu 3 Stimmen

Helmut Bräutigam

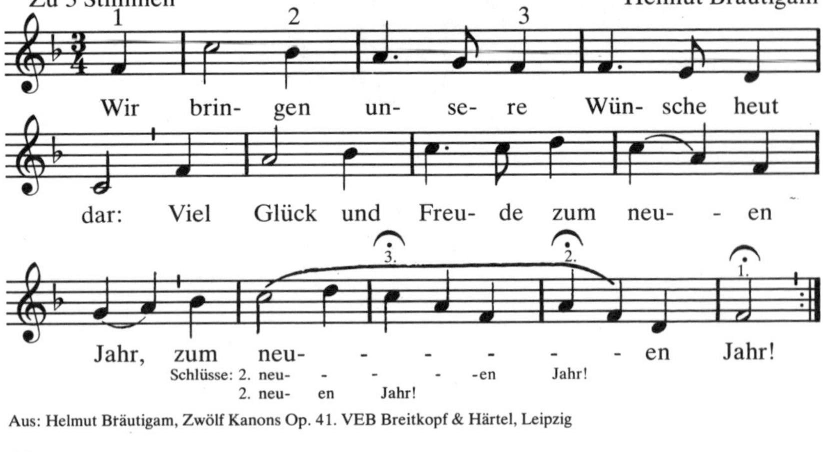
1 2 3
Wir brin- gen un- se- re Wün- sche heut
dar: Viel Glück und Freu- de zum neu- - en
3. 2. 1.
Jahr, zum neu- - - - - - en Jahr!
Schlüsse: 2. neu- - - - -en Jahr!
2. neu- en Jahr!

Aus: Helmut Bräutigam, Zwölf Kanons Op. 41. VEB Breitkopf & Härtel, Leipzig

Zum neuen Jahre Glück und Heil

Zu 4 Stimmen

Egon Rubisch

1
2
3
4
Zum neu- en Jah- re Glück und Heil! Auf Weh und
Wun-den gu- te Sal- be, auf gro- ben Klotz ein
Schluß: Salb'!
gro- ber Keil, auf ei- nen Schel- men an- dert- hal- be!

Johann Wolfgang von Goethe

Viel Arbeit und Freude zum neuen Jahr

Zu 3 Stimmen

Siegfried Stolte

1
2
3
1.–2. Gar fröh- lich zu sin- gen, so fan- gen wir an: Was
wollt ihr uns brin- gen zum neu- en Jahr? Viel
1. Ar- beit und Stre- ben und Schaf- fen für- wahr!
2. Freu- de und Froh- sinn und Glück im- mer- dar!

Worte nach einem alten Neujahrsruf aus dem Burgenlande

Ein fröhlich Herz

Zu 2 Stimmen

Horst Irrgang

1
2
Ein fröh- lich Herz, ein fe- ster Mut, dann wird das
Jahr ganz si- cher gut, dann wird das Jahr ganz sicher gut!

Sprichwort

Fasching

Zu 3 Stimmen

Siegfried Stolte

1
3.
Lu- sti- ge Leu- te sind wir heu- te, bunt und
2
2.
när- risch an- ge- malt; wenn die Knos- pen sprin- gen
3
und wir fröh- lich sin- gen, wird dem Win- ter
1.
heim- ge- zahlt; wird dem Win- ter heim- ge- zahlt. Ja, ja, ja:

Schluß (Coda)

1.
-zahlt; hei- ßa!
2.
-gen, hei- ßa!
3.
heut, hei- ßa!

Hanna Stolte

Faschingskanon

Zu 4 Stimmen

Hans Naumilkat

1
Man- che sa- gen: Wenn das Fa- schings- fest nicht wär,

2
gäb es bei uns kei- ne lust- gen Nar- ren mehr.
3
Das wär schad, das wär wirk- lich fad, denn
4
mür- risch durch die Welt zu gehn, das ist nicht schön!

Wer's erwarten kann

Zu 2 Stimmen

Karl Büse

1
Wann der Win- ter aus- ge- schnei- et,
tritt der schö- ne Som- mer ein;
2
al- so wird auch nach der Pein, wer's er- war- ten kann, er- freu- et.

Paul Gerhardt

Schöner Frühling, kehre wieder

Zu 3 Stimmen

Mündlich überliefert

1
Schö- ner Früh-ling, keh- re wie- der;
2
schö- ner Früh- ling, keh- re wie- der,
3
al- les, al- les zu er- freun!

Schöner Frühling, komm doch wieder

Zu 3 Stimmen

Mündlich überliefert

1
Schö- ner Früh- ling, komm doch wie- der, lie- ber
2
Früh-ling, komm doch bald! Bring uns Blu- men, Laub und
3
Lie- der, schmücke wie- der Feld und Wald, La- la- la
la, la-la-la- la, la- la-la- la, la- la- la- la!

Nicht lange mehr ist Winter

Zu 4 Stimmen

Mündlich überliefert

1
Nicht lan- ge mehr ist Win- ter, schon
2
glänzt der Son- ne Schein, dann kehrt mit neu- en
3
Lie- dern der Früh- ling bei uns ein. Im
Fel- de singt die Ler- che, der Kuk- kuck ruft im
4
Hain: Kuk-kuck, Kuckuck, drum wolln wir fröh-lich sein!

Ihr Frauen und Mütter

(ZUM INTERNATIONALEN FRAUENTAG)

Zu 4 Stimmen

Siegfried Stolte

1 2 3 4
Ihr Frau- en und ihr Müt- ter, nur an
euch sei heut ge- dacht, die ihr in je- der
Stun- de ü- ber un- ser Le- ben wacht!

Hanna Stolte

Nicht länger ist Winter

Zu 4 Stimmen

Mündlich überliefert

1 2 3 4
Nicht län- ger_ ist Win- ter, schon grü- net_ der Hain,
schon la- det der Frühling zum Tan- ze uns ein.

Es tönen die Lieder

Zu 3 Stimmen

Mündlich überliefert

1 2 3
Es tö- nen die Lie-der, der Früh-ling kehrt wie- der; es
spie- let der Hir- te auf sei- ner Schal- mei: La-
la- la- la- la- la- la- la,_ la- la- la- la- la- la- la- la!

Alle Vögel sind schon da

(LIEDKANON/KANONLIED)

Zu 3 Stimmen

Egon Rubisch
nach der Volksweise

1
1. Al- le Vö- gel sind schon da, al- le Vö- gel
2. Wie sie al- le lu- stig sind, flink und froh sich
3. Was sie uns ver- kün- den nun, neh- men wir zu
2
1. al- le! Welch ein Sin- gen Mu- si- ziern,
2. re- gen! Am- sel, Dros- sel, Fink und Star
3. Her- zen: Wir auch wol- len lu- stig sein,
3
1. Pfei- fen, Zwit-schern, Ti- ri- liern! Frühling will nun
2. und die gan- ze Vo- gel- schar wünschen dir ein
3. lu- stig wie die Vö- ge- lein, hier und dort, feld-
1. ein- mar- schiern, kommt mit Sang und Schal- le.
2. fro- hcs Jahr, lau- ter Heil und Se- gen.
3. aus, feld- ein, sin- gen, sprin- gen, scher- zen.

Heinrich Hoffmann von Fallersleben

Hört nur, wie der Kuckuck schreit

Zu 2 Stimmen

Christian Lange

1
Hört nur, wie der Kuk- kuck schreit!
2
Blu- men blühn, Son- ne scheint, 's ist Früh- lings- zeit.

Aprilwetter

Zu 3 Stimmen

Siegfried Stolte

1 2 3
Was ist das für ein Wet-ter heut, A- pril, A- pril, A-
pril! Läßt Son- ne scheinen, Re- gen wei-nen; tut, was er grad
will. Und der Sturm, wie er saust und braust!

Hanna Stolte

Sonne steigt höher

Zu 4 Stimmen

Christian Lange

1 2 3 4
Son- ne steigt hö- her, und bald lacht uns der
Schlüsse: hoch. (schon)
Mai. Zum fro-hen Sin- - -gen kommt al-le her- bei!
Sang.

Erster Mai

Zu 3 Stimmen

Siegfried Stolte

1 2 3 1. 2. 3.
Fah- nen we- hen und grü- ne Bir- ken ste- hen vor
Schluß: am Er- sten Mai.
al- len Häu- sern fest- lich zum Er- sten Mai.
Reiht euch ein und seid da- bei!
Schluß (Coda)
Seid da- bei!

Hanna Stolte

Sitzt a schöns Vogerl aufm Dannabaum

(LIEDKANON/KANONLIED)

Zu 4 Stimmen — Johannes Brahms

1 2 3 4
1. Sitzt a schöns Vo- gerl aufm Dan- na- baum,
2. Nein, mein Schatz, das ist kein Nach- ti- gall,
tut nix als sin- ga und schrein;
nein, mein Schatz, das darfst nit glaubn; kein
was muß denn das für a Vo- gerl sein?
Nach- ti- gall schlägt auf keinm Dan- na- baum,
Das muß a Nach- ti- gall sein!
schlägt in a Ha- sel- nuß- staudn.

Volkslied

Willkommen, lieber schöner Mai

Zu 3 Stimmen — Franz Schubert

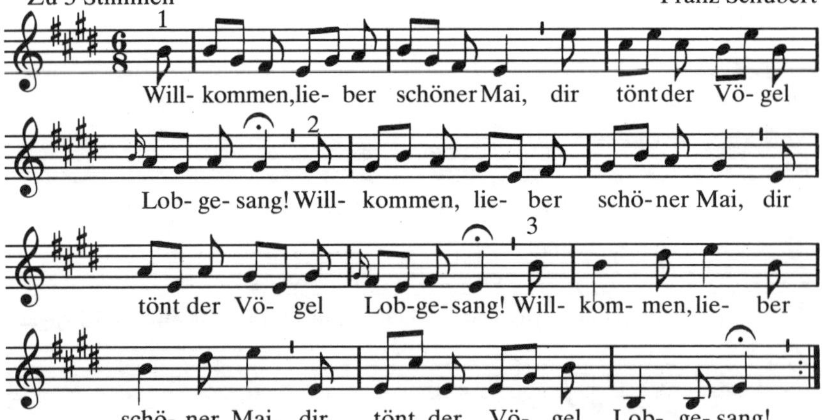
1 2 3
Will- kommen,lie- ber schöner Mai, dir tönt der Vö- gel
Lob- ge- sang! Will- kommen, lie- ber schö- ner Mai, dir
tönt der Vö- gel Lob-ge- sang! Will- kom- men, lie- ber
schö- ner Mai, dir tönt der Vö- gel Lob- ge- sang!

Ludwig Hölty

Blumen blühn, Wolken ziehn

Zu 4 Stimmen | Rolf Lukowsky

1
Blu- men blühn, Wol- ken ziehn im strah-lend hel- len
Him-melsblau. Win- de we- hen, we- hen lau und
2
früh-lings-lind. Win-de wehn, Wol-ken ziehn, Son- ne scheint
3
hel- ler, Blumen blühen, Win- de, sie wehn frühlingslind.
4

Raimund Hoge

Es schlägt die Nachtigall

Zu 3 Stimmen | Mündlich überliefert

1
Es schlägt ei- ne Nach- ti- gall an
ei- nem Was- ser- fall und ein Vo- gel
2
e- ben-falls, der nennt sich Wen- de- hals,
3
Jo- hann Ja- kob Wen- de- hals.

Eduard Mörike

Der Sommerkanon

Zu 4 Stimmen
mit einem Ostinato im zweistimmigen Kanon

Ungenannter Meister
aus England, um 1240

1
2
Sum- mer is a- com- ing in, loud- ly sing cuck-
Som- mer ist ins Land ge- kom-men, Kuk-kucks Ruf er-
3
4
oo, grow- eth seed and blow- est mead, and springs the
schallt, Blu- men sprie-ßen auf den Wie- sen, grün ist
wood a- new. Sing, cuck- oo! E- we blea-teth
Busch und Wald. Sing, Kuk- ku! Lämmer blö- ken
aft- er lamb, towth af- ter cal- ve cow. Bull-ock ster-teth,
nach der Mut-ter, Kälblein nach der Kuh. Böcklein springen,
bu- cke ver-teth, mer-ry sing, cuck-oo. Cuck-oo, cuck- oo,
Vöglein sin- gen, hört ihr den Ku- ku? Ku- ku, Ku- ku,
well singst thou, cuck- oo, nor cease thou ne- ver now!
wie so schön singst du, sing uns fröh- lich im- mer- zu!
Ostinato zu 2 Stimmen:
1
2
Sing, cuck- oo, now sing, cuck- oo!
Sing, Ku- ku, nun sing, Ku- ku!

Original F-Dur

Deutsche Worte nach der Übertragung von Arnold Schering
unterlegt von E. R.

Kuckucks-Kanon

Zu 3 Stimmen

Christian Lange

1
„Kuk- kuck“, so ruft’s im_ Wal- de hier und dort.
2
„Kuk- kuck“, schon wie- der hört man „Kuk- kuck“, „Kuk-
kuck“, so geht es im- mer- fort. „Kuk- kuck“!
3
Ei, das müs-sen vie- le sein! „Kuk- kuck“, „Kuk- kuck“,
„Kuk- kuck“, ja das hört nicht auf zu schrein. „Kuk- kuck!“

Freude jubelt

Zu 3 Stimmen

Carl Theodor Theuß

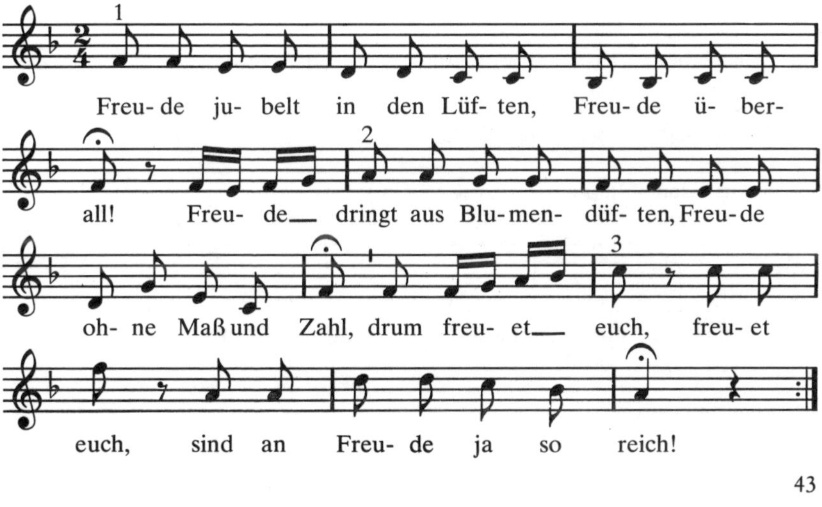
1
Freu- de ju- belt in den Lüf- ten, Freu- de ü- ber-
all! Freu- de_ dringt aus Blu- men- düf- ten, Freu- de
2
oh- ne Maß und Zahl, drum freu- et_ euch, freu- et
3
euch, sind an Freu- de ja so reich!

Lob der Natur und Reisegruß

(KANON-QUODLIBET IM STERNZEICHEN DES KREBSES)

Zu 4 und mehr (bis 16) Stimmen

auch im Spiegelkanon, in der Umkehrung und Krebsbewegung

Egon Rubisch

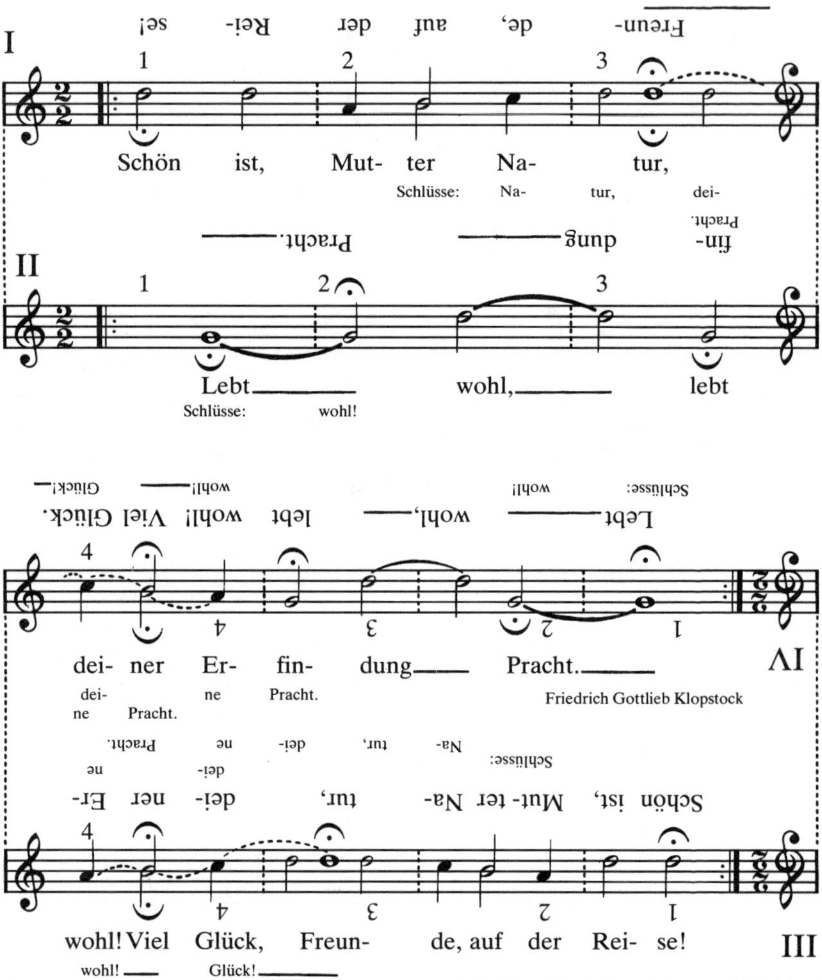
I
Schön ist, Mut- ter Na- tur,
Schlüsse: Na- tur, dei-
Freun- de, auf der Rei- se!
II
Lebt wohl, lebt
Schlüsse: wohl!
fin- dung Pracht.
dei- ner Er- fin- dung Pracht.
dei- ne Pracht.
ne Pracht.
Lebt wohl, lebt wohl! Viel Glück.
Schlüsse: wohl! wohl! Glück!
IV
wohl! Viel Glück, Freun- de, auf der Rei- se!
wohl! Glück!
Schön ist, Mut- ter Na- tur, dei- ner Er-
Schlüsse: Na- tur, dei- ne Pracht.
III

Friedrich Gottlieb Klopstock

Für T., J. und A. H., Amriswil *16. Juli 1982*

* Die Kanons I–IV können sowohl einzeln für sich als auch in Form eines Kanon-Quodlibets gleichzeitig gesungen werden.

Feuer, spring auf

Zu 3 Stimmen (auch gemischten)* | Willi Maertens

mit einem Ostinato für Männerstimme (Baß), Schlagwerk und Kontrabaß ad lib.

1
2
3
Feu- er, spring auf, du hel- ler Schein, und
füh- re uns hier al- le zu- sam- men! Leuch- te
tief in je- des Herz, leuch- te tief in je- des
Herz hin- ein, leuch- -te, leuch- -te hoch in
hel- len Flam- men!

* Bei gemischtstimmiger Ausführung Einsätze in der Reihenfolge: Sopran – Alt – Tenor

Ostinato für Männerstimme (Baß), Schlagwerk und Kontrabaß:

Männerstimme (Baß)
Feu- er, spring auf!
Glockenspiel
Hölzer Schellentrommel
Xylophone
Kl. Becken
Päuklein Kontrabaß (gestrichen)

Wir freun uns auf die Urlaubszeit

Zu 3 Stimmen

Christian Lange

1 2 3
Wir freun uns auf die Ur- laubs- zeit, la-
Schlüsse: Wir freu- en uns!
Hal- lo!
la- la- la, la- la- la- la, mit Spiel und Sport und
Fröh- lich- keit, ja wir freu-en uns auf die Urlaubszeit.

Vom hohen Gipfel

Zu 4 Stimmen

Horst Irrgang

1 2 3 4
Vom ho- hen Gip- fel ru- -fen
wir: Berg frei, Berg frei, Berg frei!

Ferien

Zu 4 Stimmen

Hans Naumilkat

1 2 3 4
Wir ha- ben Fe- rien und gu- te Lau- ne,
wir ha- ben Fe- rien und gu- te Lau- ne, und wer uns
uns- re gu- te Lau- ne stört, fliegt raus, wie s sich ge- hört!

Wie schön ist es im Freien

Zu 3 Stimmen

Mündlich überliefert

1
'Wie schön ist es im Frei-en, wenn un- ter grü- nen
Mai-en wir sin- gen all- zu- mal,— daß klin-gen Berg und
2
Tal!— Wie schön ist es im Frei-en, wenn un- ter grü- nen
Mai-en wir sin- gen all- zu- mal,— daß klin-gen Berg und
3
Tal!— La, la, la-la-la-la, la, la,
la-la-la-la, la, la, la- la- la- la- la-la- la- la!—

Badekanon

Zu 4 Stimmen

Hans Naumilkat

1
Wir lie- gen faul am wei-ßen Strand und aa- len uns im
2
3
hei-ßen Sand;— ist das ein Ba- de- wet-ter heut!— Für gro-ße
4
Leut, für klei-ne Leut gibt das den schönsten Son-nen- brand.

Sommerwind und Sonnenschein

Zu 4 Stimmen

Günter Olias

1
2
Som-mer-wind und Son-nen-schein las-sen uns
3
4
fröh-lich sein. La-chend zieht mit uns un-ser Lied.

Kuckuck, Kuckuck, sag mir doch

Zu 3 Stimmen

Siegfried Thiele

1
Kuk-kuck, Kuk-kuck, Kuckuck, Kuk-kuck, sag mir doch:
Wie-viel, wie-viel Jah-re, wie-viel Jah-re leb ich
2
noch? Lie-ber Kuk-kuck, sag mir doch: Wie-viel
3
Jah-re leb ich noch? Lieber Kuckuck,
lie-ber Kuckuck, sag mir doch: Wie-viel
Jah-re, wie-viel Jah-re leb ich noch?

Der Sommer ist gekommen

(KANONLIED)

Zu 2 Stimmen Christian Lange

1
2
1. Der Som- mer ist ge- kom- -men und
2. Nur kei- ne Angst vorm Was- -ser, es
3. Und kön- nen wir erst schwim- -men, dann
4. Wir freun uns auf die Fe- ri- en, sie
1. lädt uns al- le ein zum Wan- dern und zum
2. beißt nicht, ist nur naß. Wir plant-schen, sprit- zen,
3. wird's noch mal so schön, denn al- le Schwimmer
4. sind ja nicht mehr weit. Drum ist für uns der
1. Ba- den- gehn beim war- men Son- nen- schein.
2. tau- chen, das macht al- len gro- ßen Spaß.
3. dür- fen auch ins tie- fe Was- ser gehn.
4. Som- mer auch die schön- ste Jah- res- zeit.

Wer wandern will

Zu 4 Stimmen Mündlich überliefert

1
2
Wer wan- dern will, der sei fein still, geh' ste- ten
3
Schritt, nehm' nicht viel mit, tret' an am frü- hen
4
Mor- gen und las- se da- heim die Sor- gen!

Es blies ein Jäger wohl in sein Horn

(LIEDKANON/KANONLIED)

Paul Donath

nach der Volksweise

Zu 2 oder 3 Stimmen*

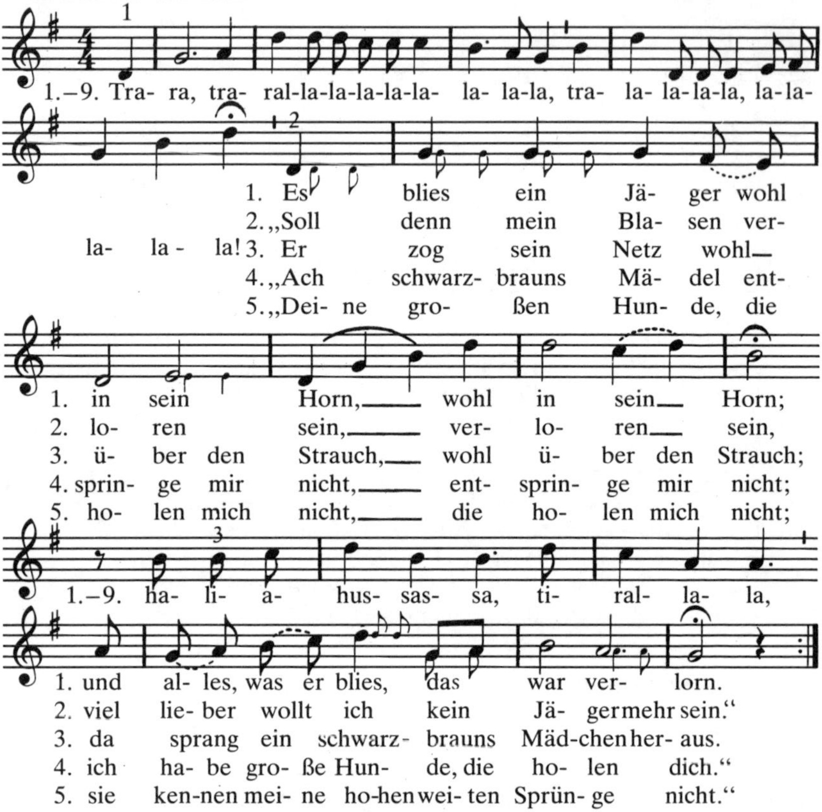
1
1.–9. Tra- ra, tra- ral-la-la-la-la-la- la- la-la, tra- la- la-la-la, la-la-
la- la - la!
2
1. Es blies ein Jä- ger wohl
2. „Soll denn mein Bla- sen ver-
3. Er zog sein Netz wohl
4. „Ach schwarz- brauns Mä- del ent-
5. „Dei- ne gro- ßen Hun- de, die
1. in sein Horn, wohl in sein Horn;
2. lo- ren sein, ver- lo- ren sein,
3. ü- ber den Strauch, wohl ü- ber den Strauch;
4. sprin- ge mir nicht, ent- sprin- ge mir nicht;
5. ho- len mich nicht, die ho- len mich nicht;
3
1.–9. ha- li- a- hus- sas- sa, ti- ral- la- la,
1. und al- les, was er blies, das war ver- lorn.
2. viel lie- ber wollt ich kein Jä- ger mehr sein."
3. da sprang ein schwarz- brauns Mäd-chen her- aus.
4. ich ha- be gro- ße Hun- de, die ho- len dich."
5. sie ken-nen mei- ne ho-hen wei- ten Sprün- ge nicht."

6. „Deine hohen weiten Sprünge, die wissen sie wohl,
sie wissen, daß du heut noch sterben sollst."

7. „Und sterb ich denn, so bin ich tot,
begräbt man mich unter die Rosen rot."

8. „Wohl unter die Rosen, wohl unter den Klee,
darunter vergeh ich nimmermeh."

9. Er warf ihr sein Netz wohl über den Leib,
da ward sie des jungfrischen Jägers Weib.

Volkslied

* Bei zweistimmiger Ausführung fällt der erste Teil des Kanons fort, so daß nur die mit den Einsätzen 2 und 3 beginnenden Abschnitte gesungen werden

Trara! So blasen die Jäger

Zu 4 Stimmen

Mündlich überliefert

1 2 3 4
Tra- ra! So bla- sen die Jä- ger, tra-
ra, tra- ra; wenn sie durch-ziehn den
grü- nen Wald, tra- ra, tra- ra!

Horch, es schallt durch den Wald

Zu 3 Stimmen

Mündlich überliefert

1 2 3
Horch, es schallt durch den Wald Hör- ner- klang, Jagd- ge-
sang. Tra- ri- ra, tra- ri- ra, tra- ri- ra!

Trara! Das tönt wie Jagdgesang

Zu 4 Stimmen

Mündlich überliefert

1 2 3 4
Tra- ra! Das tönt wie Jagd- ge- sang, wie
wil- der und fröh- li- cher Hör- ner- klang, wie Jagd- ge-
sang, wie Hör- nerklang: Tra- ra, tra- ra, tra- ra!

Ein Jäger aus Kurpfalz

(KANONLIED)

Zu 2 Stimmen — Deutsche Volksweise

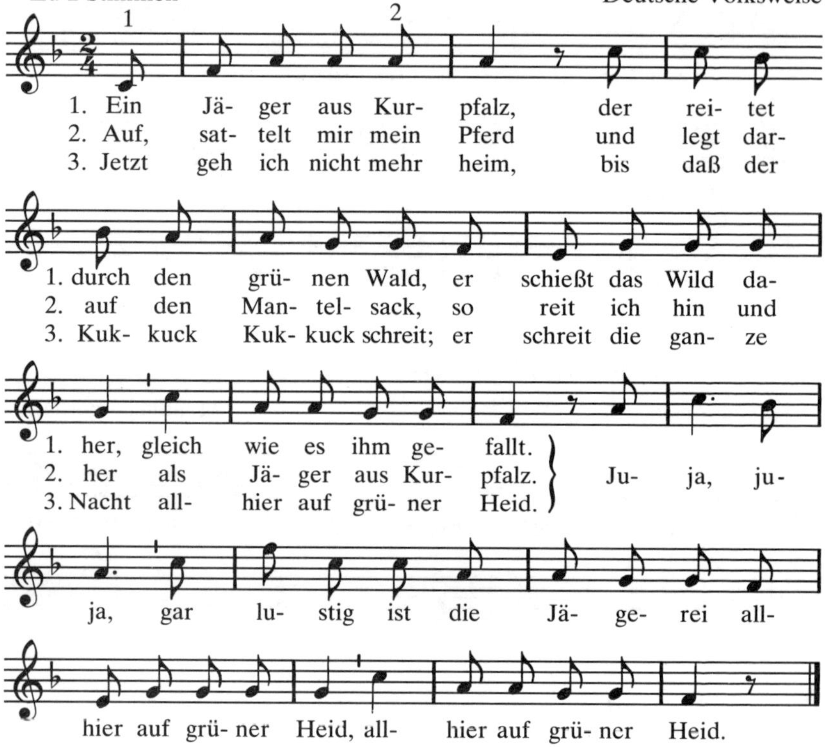
1 2
1. Ein Jä- ger aus Kur- pfalz, der rei- tet
2. Auf, sat- telt mir mein Pferd und legt dar-
3. Jetzt geh ich nicht mehr heim, bis daß der
1. durch den grü- nen Wald, er schießt das Wild da-
2. auf den Man- tel- sack, so reit ich hin und
3. Kuk- kuck Kuk- kuck schreit; er schreit die gan- ze
1. her, gleich wie es ihm ge- fallt.
2. her als Jä- ger aus Kur- pfalz.
3. Nacht all- hier auf grü- ner Heid.
Ju- ja, ju-
ja, gar lu- stig ist die Jä- ge- rei all-
hier auf grü- ner Heid, all- hier auf grü- ner Heid.

Volkslied

Späte Rosen im Garten

Zu 2 Stimmen — Mündlich überliefert

1 2
Spä- te Ro- sen im Gar- ten, der Win- ter läßt
war- ten. Sü- ße Trau- ben und Beer'n, der Win- ter ist fern.

Volksmund

Zum Ernteeinsatz

Zu 3 Stimmen

Christian Lange

1 2 3
Wann wird in der Pflanzenzucht das gro-ße Werk ge- lin- gen:
(Kar-
Äp- fel, die von ganz al- lei- ne in die Ki- sten sprin- gen?!
tof- feln)*
(Kör- be)*

* Nach Belieben weitere Bezeichnungen einzusetzen

Süße Traube

Zu 3 Stimmen

Siegfried Stolte

1
Sü- ße Trau- be, rund und schwer in der Blät- ter
2
Hül- -le; ste- - - hen schon die Fäs- ser
3
leer, daß dein Saft sie fül- le.

Hanna Stolte

September

Ungenannter Meister
im „Musikalischen Hausfreund", 1822

Zu 3 Stimmen

1 2
Stof- fel! Stof- fel! Obst und Kartof- fel, Kar- tof- fel und
3
Obst schaff ins Haus, ins Haus, ins Haus, ins Haus!

O klage nicht

Zu 2 Stimmen

Mündlich überliefert

O kla- ge nicht, wenn Mor- gen-
ne- bel dich um- wehn, und schö- ner wird die
Son- -ne, die Son- ne nie- der- gehn.

Blätterfall

Zu 2 Stimmen

Manfred Hollmann

Blät- ter- fall, Blät- ter- fall, gel- be Blät- ter
ü- ber- all ra- scheln, ra- scheln; es wird
kalt, und der Schnee be- deckt sie bald.

Gerlinde Hoffmann

Winter

Zu 3 Stimmen

Hermann Stephani

Welt liegt im Win- ter- kleid, Ne- bel- grau
weit und breit, schwarz starrt der Wald.

Aus: Hermann Stephani, Zwanzig Kanons. VEB Breitkopf & Härtel, Leipzig

Tod und Schlaf

Zu 4 Stimmen

Joseph Haydn

1 2 3 4
Tod ist ein lan- - - ger Schlaf, Schlaf ist ein
kur- zer, kur- zer Tod, der lin- dert dir und je- ner
tilgt des Le- bens Not! Tod ist ein lan- ger Schlaf.

Worte nach Friedrich von Logau

Wald und Feld sind tief verschneit

Zu 2 Stimmen

Karl Büse

mit einer Begleitstimme (auch für Männer) ad lib.

1 2
Wald und Feld sind tief ver- schneit zu
die- ser Win-ter- zeit. In Frie- den liegt die
gan- ze Welt, die Weih-nacht ist___ nicht weit.

Begleitstimme ad lib.:

(8)
Dong, ding- dong, ding- dong, ding- dong, ding- dong!

Schneemann, kalter Mann

Zu 4 Stimmen

Herbert Zimpel

1
Schnee- mann, Schnee- mann, kal- ter Mann,
2
bist ganz steif ge- fro- ren,
3
zieh dir dei- nen al- ten Hut
4
tie- fer ü- ber bei- de Oh- ren!

Wir fahren mit dem Schlitten

Zu 4 Stimmen

Siegfried Stolte

1
Wir fah- ren mit dem Schlit- -ten. Schnee und Eis, die wei- ße Pracht,
2
viel Freud' uns macht. Ihr Mäd- chen und ihr Bu- -ben,
3
kommt aus den war- men Stu- ben!
Wir fah-ren mit dem Schlit- ten.
4
Schnee und Eis, die wei- ße Pracht, viel Freud' uns macht.

Hanna Stolte

Klingelt das Glöckchen

Zu 3 Stimmen — Siegfried Stolte

Klin- gelt das Glöck- chen am Schlit- ten,

kommt Knecht Ru- precht ge- rit- ten.

Ei- nen gro- ßen Sack trägt er huk- ke- pack.

Hanna Stolte

Weihnachtsmann / Schneemann

(KANONLIED)

Zu 2 Stimmen — Ältere Volksweise

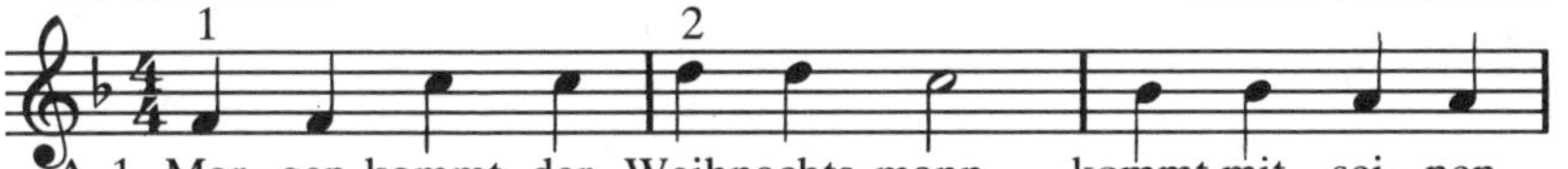

A. 1. Mor- gen kommt der Weihnachts-mann, kommt mit sei- nen
2. Doch du weißt ja un- sern Wunsch, ken- nest uns- re
B. Seht den Mann, o gro- ße Not, wie er mit dem

Ga- ben. Zün- den wir die Lich- ter an,
Her- zen. Kin- der, Va- ter und Ma- ma,
Stok-ke droht! Ge- stern schon und heu- te noch,

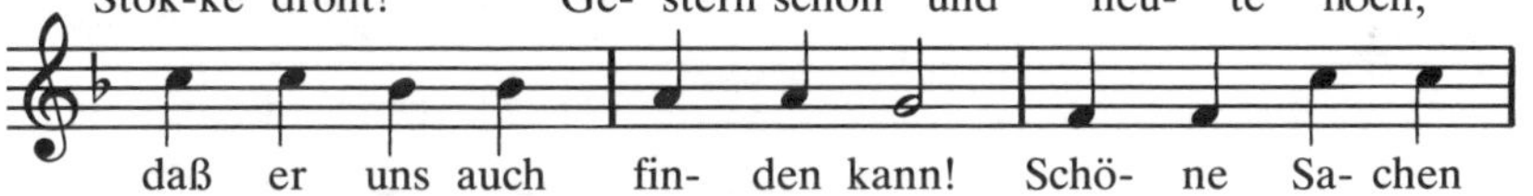

daß er uns auch fin- den kann! Schö- ne Sa- chen
auch da- bei der Groß- pa- pa, al- le, al- le
a- ber nie- mals schlägt er doch. Schneemann, bist ein

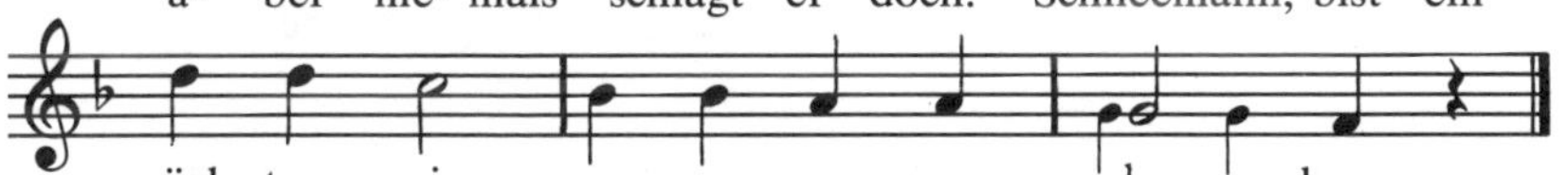

möch- ten wir gar zu ger- ne ha- ben.
sind schon da, war- ten dein mit Schmer- zen.

Worte nach Heinrich Hoffmann von Fallersleben

ar- mer Wicht, hast ’nen Stock und wehrst dich nicht.

Friedrich Güll

Es ist ein' Ros entsprungen

(KANONLIED)

Zu 2 Stimmen

Mittelalterliche Liedweise
in der Fassung von Michael Praetorius

1 2
1. Es ist ein' Ros entsprun- gen aus ei- ner Wur- zel zart.
Wie uns die Al- ten sun- gen, aus Jes- se kam die Art.
2. Das Rös-lein, das ich mei- ne, da- von Je- sa- ias sagt,
hat uns ge- bracht al- lei- ne Ma- rie, die rei- ne Magd.
*
1. Und hat ein Blüm- lein bracht
**
2. Aus Got- tes ew- gem Rat
mit- ten im
hat sie ein
1. kal- ten Win- ter wohl zu der hal- ben Nacht, ja Nacht.
2. Kind ge- bo- ren wohl zu der hal- ben Nacht, ja Nacht.

* Viertelpause fällt in der 2. Stimme weg
** Halbe Pause gilt nur für die 2. Stimme

Altes Volkslied, 15. Jh.

Eia, wiege, weia

Zu 4 Stimmen
mit einem einstimmigen Ostinato ad. lib.

Siegfried Stolte

1 2 3 4
Ei- a, wie- ge, ei- a, wei- a! Durch die stil- le
Win- ter- nacht klingt ein Lied ganz leis, ganz sacht: Ei- a,
wie- ge, wei- a!
Ostinato
Ei- a, wie- ge, wei- a!

Hanna Stolte

In dulci jubilo

(KANONLIED)

Zu 2 Stimmen

Mittelalterliche Liedweise
in der Fassung von Joh. Seb. Bach

1
2*
(8) * 1. In dul- ci ju- bi- lo: Nun sin- get und seid froh! Un-sers Herzens Won- ne leit in præ- se- pi- o, leucht hel-ler als die Son- ne; ma-tris in gre-mi- o, Al-pha es et o, Al- pha es et o!
2. U- bi sunt gau- di- a? Nir- gend mehr denn da, wo die En-gel sin- gen no- va can- ti- ca und die Schellen klin- gen in re- gis cu- ri- a. Ei- a, wärn wir da, ei- a, wärn wir da!

Altes Volkslied, 14. Jh.

* 2. Stimme für Alt, Einsatz eine Oktave tiefer, dafür gilt (8) – dazu original zwei Instrumentalstimmen im (Doppel-) Kanon, siehe BWV 608 im „Orgelbüchlein"

Halleluja

Zu 2 Stimmen

Mündlich überliefert

1
Hal- le- lu- ja, Hal- le- lu- ja,
2
A- - -men, A- - - men.

Halleluja

Zu 4 Stimmen

Philip Hayes

1
Hal- le- lu- ja, hal- le- -lu- -ja, hal-
le- lu- ja! 2 Hal- le- lu- ja, hal- le- lu-
ja, hal- le-lu- ja! 3 Hal-le-lu- ja, hal- le- -lu- -ja, hal-
le- lu- ja, hal- le- lu- ja! 4 Hal-le- lu- ja, hal-
le- lu- ja, hal- le- -lu- -ja, hal- -le- lu- ja!

Fest des Friedens, Fest der Freude

Zu 4 Stimmen

Christian Lange

Fließend

1
Fest des Frie- dens, Fest der Freu- de leuch- tet
Schlüsse: In der Welt muß Frie- de sein! In der
2
uns im Ker- zen-schein. 3 Weih- nachts-zeit soll
Welt muß Frie- de sein! In der Welt muß
uns ge- mah- nen: 4 In der Welt muß Frie- de sein!
Frie- de sein!

Läutet die Glocken

Zu 3 Stimmen

Siegfried Stolte

1 2 3
Läu- tet die Glok- ken, läu- tet die Glok-ken, läu- tet die
Schluß: Glok- ken!
Glok-ken, die Weihnacht ist da! Lasset uns sin- gen, Freu- de
brin- gen! Läu-tet die Glok-ken, die Weihnacht ist da!

Hanna Stolte

Glocken klingen

Zu 4 Stimmen

Mündlich überliefert

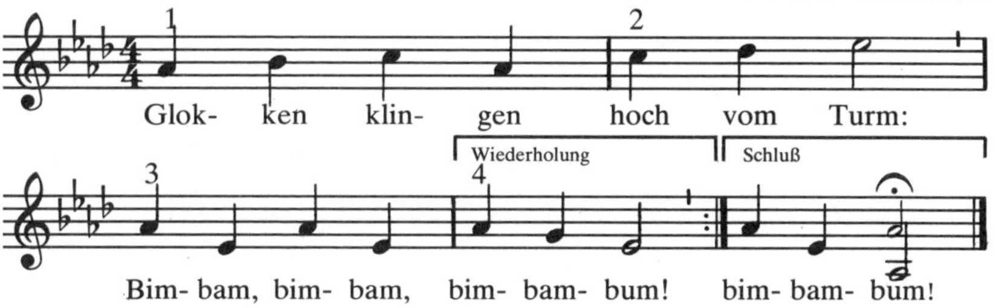
1 2
Glok- ken klin- gen hoch vom Turm:
Wiederholung
Schluß
3 4
Bim- bam, bim- bam, bim- bam- bum! bim- bam- bum!

Weihnachtskanon

Zu 4 Stimmen

Hans Naumilkat

1 2
Strahlt der gold- ne Lich- ter- schein vom im- mer-
Schluß: Schein.
3
grü- nen Baum, wis- se: Frie- den ist kein Traum,
4
will von uns er- run- gen sein!

Ilse Naumilkat

Ausklang und Neubeginn

(KANONLIED)

Zu 4 Stimmen

Herbert Kirmße

1. Das al- te Jahr hat Schnee im Haar und wan-der- mü - de Fü- ße. Nun wird es bald ver- ge- hen: Es brach-te uns Ge- winn.
2. Das neu- e Jahr, noch jung und klar, schickt sei- ne er- sten Grü- ße. Laßt sie uns recht ver- ste- hen: Will- kom- men, Neu- be- ginn!
Schlüsse: 3. Will- kom- men, Neu- be- ginn!
4. Glück zu! 2. Glück zu!

Lori Ludwig

Zur Jahreswende

Zu 3 Stimmen

Willi Maertens

A. A- de dem al- ten Jahr! Viel Ar- beit bracht es al- ler- we- gen; auch Freud und Won- ne, rei- chen Se- gen dan- ken wir dem al- ten Jahr. A- de, a- de, a- de, a- de!
B. Viel Glück zum neu- en Jahr! Viel Glück und Se- gen al- ler- we- gen, viel Glück und Se- gen al- ler- we- gen wün- schen wir zum neu- en Jahr. Viel Glück, viel Glück, viel Glück, viel Glück!

Fassung A unterlegt von E. R.

Morgen und Abend

Schweigend ruht das Feld

Zu 2 Stimmen — Michail Anzew

Schweigend ruht das Feld, nur lei- se weht ein Wind in
dunk-ler Nacht. Da durch- bricht die gol- de- ne
Son- ne das Dun-kel: Ein herr-li- cher Tag ist er- wacht.

Worte aus dem Russischen, Nachdichtung von Annina Hartung

Die Sonne geht auf

Zu 3 Stimmen — Siegfried Bimberg

Die Sonne geht auf mit Glanz und Pracht, die Sonne besiegt
die dunkle Nacht, der Tag er- wacht, der Mor-gen lacht.

Morgenstunde

Zu 5 Stimmen — Michael Praetorius

Mor- gen- stun- de. Nacht muß wei- chen,
Son- ne sie- gen! Hört die Kun- de: Re- get froh die
Hän- de! Frei nur wird, wer tä- tig schafft.

Worte unterlegt von Lutz Wirth

Der Morgen ruft

Zu 5 Stimmen

Helmut Bräutigam

1
Der Mor- gen ruft die Vö- gel wach:
Schö-nen gü- ten Tag, schö- nen gu- ten Tag!
2
Da weckt auch schon der Hahn das bun- te Fe- der- vieh:
3
Es ist nicht mehr früh, es ist nicht mehr früh!
3
Und der Fuhr- mann knallt wie noch nie: Hot- te- hü, hot- te- hü!
4
Da kommt der Schmied mit sei- nem schwe- ren Schlag:
5
Schlaf, wer mag, schlaf, wer mag, schlaf, wer will,
schlaf, wer kann, fangt die Ar- beit an, fangt die Ar- beit an!

Aus: Helmut Bräutigam, Zwölf Kanons Op. 41. VEB Breitkopf & Härtel, Leipzig

Morgenstund hat Gold im Mund

Zu 3 Stimmen | Friedrich Silcher

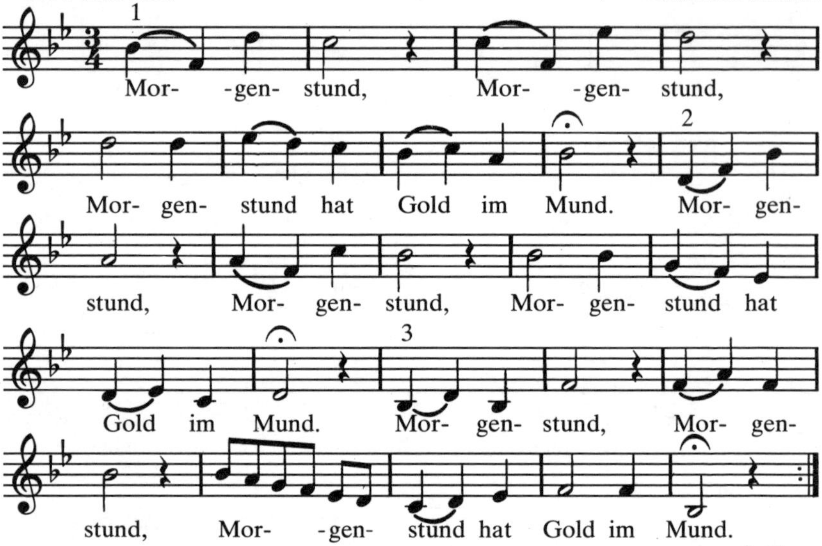
1
Mor- -gen- stund, Mor- -gen- stund,
2
Mor- gen- stund hat Gold im Mund. Mor- gen-
stund, Mor- gen- stund, Mor- gen- stund hat
3
Gold im Mund. Mor- gen- stund, Mor- gen-
stund, Mor- -gen- stund hat Gold im Mund.

Sprichwort

Erwacht, ihr Schläferinnen

Zu 3 Stimmen | Jacopo Gotifredo Ferrari

1
Er- wacht, ihr Schlä- fe- rin- nen! Der
hoch auf des Ber- ges Zin- nen seht
2
Kuk-kuck hat ge- schrien,
ihr die Sonn er- glühn!
Er- wa- chet, er-
3
wa- chet, der Kuk- kuck hat ge- schrien: Kuk-
kuck, Kuk- kuck, Kuk-kuck, Kuk- kuck!

Frère Jacques / Bruder Jakob
Братец Яков / Are you sleeping

Zu 4 Stimmen

Mündlich überliefert

Frè- re Jac- ques, Frè- re Jac- ques, dor- mez- vous? Dor- mez- vous? Son- nez les ma- ti- nes, son- nez les ma- ti- nes: Din- din- don, din- din- don!
Bru- der Ja- kob, Bru- der Ja- kob, schläfst du noch? Schläfst du noch? Hörst du nicht die Glok- ken, hörst du nicht die Glok- ken: Ding-ding- dong, ding- ding- dong!
Бра- тец Я- ков, бра- тец Я- ков, что ты спишь? что ты спишь? ко- ло- кол уж зво- нит, ко- ло-кол уж зво- нит: дин- дин- дон, дин- дин- дон!
Are you sleep- ing? Are you sleep- ing; bro- ther John, bro- ther John? Morn- ing bells are ring- ing, morn-ing bells are ring- ing: Ding-ding- dong, ding- ding- dong!

Hörst du nicht die Glocken klingen?

Zu 3 Stimmen

Helmut Bräutigam

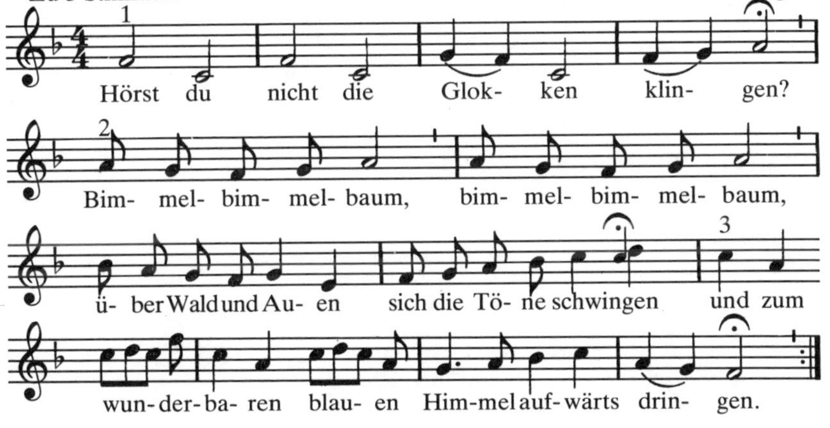
Hörst du nicht die Glok- ken klin- gen?
Bim- mel- bim- mel- baum, bim- mel- bim- mel- baum,
ü- ber Wald und Au- en sich die Tö- ne schwingen und zum
wun- der- ba- ren blau- en Him- mel auf- wärts drin- gen.

Aus: Helmut Bräutigam, Zwölf Kanons Op. 41. VEB Breitkopf & Härtel, Leipzig

Wachet auf

Zu 2 Stimmen — Johann Jakob Wachsmann

1
Wa- chet auf, wa- chet auf! Es kräh- te der
2
Hahn, die Son- ne be- tritt schon die gol- de- ne Bahn.

Die Sonn ist wieder da

Zu 2 Stimmen* — Wolfgang Müller

1
Die Sonn, die Sonn ist wie- der da, und
2
all die klein Vö- ge- lein sin- gen so fein. Sie
sin- gen so schön und sin- gen so laut, daß
al- les ver- wun- dert zum Him- mel schaut!

* Auch im Quodlibet mit dem Kanon „Wachet auf" zu singen

Begierig, zu schauen den Tag

Zu 3 Stimmen — Herbert Zimpel

1
Jetzt kom- me, Feu- -er! Be- gie- rig
2
3
sind wir, zu schau- -en den Tag!

Friedrich Hölderlin

Guten Morgen, guten Tag

Zu 4 Stimmen — Christian Lange

Gu- ten___ Mor- gen, gu- ten___ Tag!
Schluß: Tag!
Je- der singt,__ der__ sin- gen mag.

Ja, das ist gut

Zu 4 Stimmen — Egmont Müller

Ja, das ist gut! Mit__ dem neu- en Mor- gen
rol- len al- le Rä-der los, rol- len auch fort al - le Sor- gen.

Mährididieh

Zu 3 Stimmen — Mündlich überliefert

Früh, wenn der Bock schreit: Mäh- ri- di- eh,
mäh- ri- di- eh, mäh- ri- di- eh, dann fängt die Geiß an:
Mäh- ri- di- eh, mäh- ri- di- eh, mäh- ri- di- eh!

Der Morgen singt

(KANONLIED)

Zu 2 Stimmen

Siegfried Stolte

1
2
1. Der Mor- gen singt, ein Lied er- klingt, wir
2. Die Son- ne hat von Halm und Blatt ge-
3. Ver- eint ge- schafft mit gan- zer Kraft, so
1. wan- dern in den Tag. Und durch die Welt, die
2. trun- ken schon den Tau. Das Le- ben lacht, weil's
3. sieht die Wo- che aus. Am Sonn- tag geht's ge-
1. uns ge- fällt, tönt hel- ler Fin- ken- schlag,
2. Freu- de macht. Uns ist der Him- mel blau,
3. mein- sam stets ins schö- ne Land hin- aus,
1. STIMME
tral- la- la- la, tral- la- la- la,
2. STIMME
1. tönt heller Finken-schlag. tönt heller Finken- schlag.
2. uns ist der Himmel blau. uns ist der Himmel blau.
3. ins schöne Land hin- aus. ins schöne Land hin- aus.

Johanna Kraeger

Zum Beginn

(KANONLIED)

Zu 3 Stimmen

Christian Lange

1
2
3
1. Die Son- ne macht den Mor- gen schön, nun
2. Ge- mein- sam wird das Schwe- re leicht, und

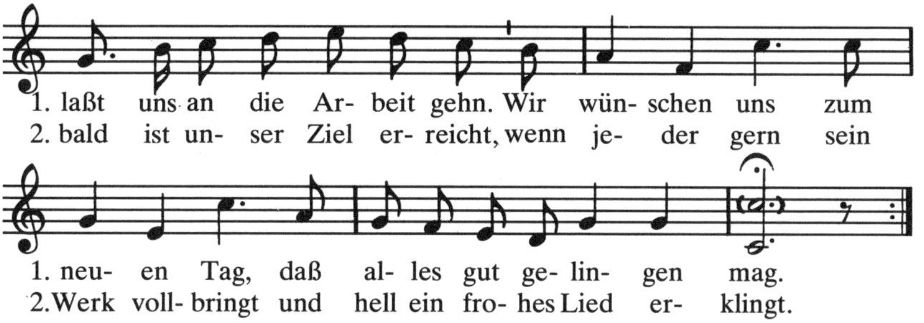
1. laßt uns an die Ar- beit gehn. Wir wün- schen uns zum
2. bald ist un- ser Ziel er- reicht, wenn je- der gern sein
1. neu- en Tag, daß al- les gut ge- lin- gen mag.
2. Werk voll- bringt und hell ein fro- hes Lied er- klingt.

Beate Moll

Sei willkommen, du lieber Tag

Zu 2 Stimmen

Anton Schoendlinger

1
Sei will- kom- men, du lie- ber Tag,
2
vor dir die Nacht nicht blei- ben mag!
Will-kom- men, will-kom- men, will- kom- men!

Mit Musik den Tag beginnen

Zu 3 Stimmen

Christian Lange

1
Mit Mu- sik den Tag be- gin- nen gibt ihm
2
gleich ein froh Ge- sicht, und am A- bend zum Be- sin-
3
nen, da ver- geßt das Sin- gen, das Sin- - -gen nicht!
Schluß: da singt mit!

Der Tag beginnt und endet

Zu 2 Stimmen

Egon Rubisch

1
2
Der Tag be-ginnt und en- det, vom Mor- gen zum
A- bend sich wen- det, be- ginnt,
sich wen- -det und en- -det.

Zum Anfang und Beschluß

Zu 3 Stimmen (auch gemischten)

Willi Maertens

1
2
3
A. So wün-schen wir uns: Gu-ten Tag, und daß das
B. So wün-schen wir uns: Gu- te Nacht, und daß das
Sin- gen uns ge- lin- gen mag: Gu- ten Tag, gu- ten
Sin- gen al- len Freu- de bracht': Gu- te Nacht, gu- te
Tag, gu- ten Tag!
Nacht, gu- te Nacht!

Bei gemischtstimmiger Ausführung Einsätze in der Reihenfolge: Sopran – Alt – Männerstimmen

Der Tag ist hin

Zu 3 Stimmen

Mündlich überliefert

1
2
3
Der Tag ist hin, die Nacht bricht
an. Doch bracht er Ge- winn, wenn das Werk ge- tan.

Alter Spruch

Mein Tagewerk ist nun getan

Zu 4 Stimmen

Siegfried Stolte

1 2 3 4
Mein Ta- ge- werk ist nun ge- tan, der
A- bend kommt her- an. Jetzt ruh ich aus und
freu- e mich: Spiel und Tanz hebt an.

Hanna Stolte

Laßt uns all nach Hause gehn

Zu 4 Stimmen

Egon Rubisch
nach der Volksweise

1 2 3 4
Laßt uns all nach Hau- se ge- hen, weil die
Stern am Himmel ste- hen, weil Ne- bel deckt nun uns- re
Fel- der und dun- kel stehn die stil- len Wäl- der.

Worte nach dem Volkslied

Feierabend

Zu 4 Stimmen

Mündlich überliefert

1 2 3 4
Bim, bam, bim, bam! Horch, es singt der Glok- ke Ton
von der Ar- beit sü- ßem Lohn: Fei- er- a- bend!

Frohes Schaffen, frohe Rast

Zu 3 Stimmen

Christian Lange

1
Wenn die Son- ne un- ter- geht, ist's zum
Fröh- lich- sein nicht zu spät. 2 Laßt die Lie- der klin- gen, und
laßt uns al- le sin- gen, je- der, der sein
Tag- werk schaff- te, ist uns Gast. 3 So wie heut sei es
je- der- zeit: Fro- hes Schaf- fen, fro- he Rast!

Das Lied ist aus

Zu 3 Stimmen

Christian Lange

1
Das Lied ist aus, nun geht's nach Haus, 2 und
hat uns das Sin- gen und Klin- gen er- freut, 3
sind wir auch mor- gen so fröh- lich wie heut.

Abendruhe über unserm Lande

Zu 4 Stimmen

Rolf Lukowsky

1
A- bend- ru- he ü- ber
2
un- serm Lan- de,
Schluß: ru- -he.
3
fried- lich lie- gen Fluß und
4
See, Wald und Feld.

Gabriele Sander

Still senkt sich der Abend

Zu 4 Stimmen

Günter Olias

1
Still senkt sich der A- bend nun
2
ü- ber die Fel- der.
3
Nur die Nach- ti- gall gibt noch nicht Ruh.
4
Leis' tönt ihr Lied durch die Wäl- - der.

Abend

Zu 4 Stimmen

Heinz Opitz

1
Lang sam will der Tag im A- bend- rot ver- sin- -ken.
2
Schon die er- sten Ster- ne blin- -ken,
3
und der Mond am Him- mel steht.
Schluß: steht.
4
Vom Flus- se kühl die Nacht her- ü- ber- weht.

Schlafe wohl

Zu 4 Stimmen

Mündlich überliefert

1
Schla- fe wohl,
2
schla- fe wohl,
3
in dei- nem Bett- - - -chen
4
schla- fe wohl!

Glockenläuten

Zu 3 Stimmen

Hermann Stephani

1
Bim, baum! Glocken läu- ten?
2
Schweben- de Klän- ge vom Wal- des-saum
3
wie-gen und sin- gen die Welt in Traum.

Aus: Hermann Stephani, Zwanzig Kanons. VEB Breitkopf & Härtel, Leipzig

Oh, how lovely is the evening
O wie wohl ist mir am Abend

Zu 3 Stimmen

Mündlich überliefert

1
Oh, how love- ly is the eve- ning, is the eve- ning,
O wie wohl ist mir am A- bend, mir am A- bend,
2
when the bells are sweet-ly ring- ing, sweet-ly ring- ing:
wenn zur Ruh die Glok-ken läu- ten, Glok-ken läu- ten:
3
Ding, dong, ding, dong, ding, dong!
Bim, bam, bim, bam, bim, bam!

To Bett, to Bett

I Zu 3 Stimmen

Egon Rubisch
nach einer Volksweise

1
2
To Bett, to Bett, der'n Fru- ken hätt! Der keent
3
hätt, mutt ook to Bett. To Bett, to Bett, to Bett, to Bett!

II Zu 4 Stimmen

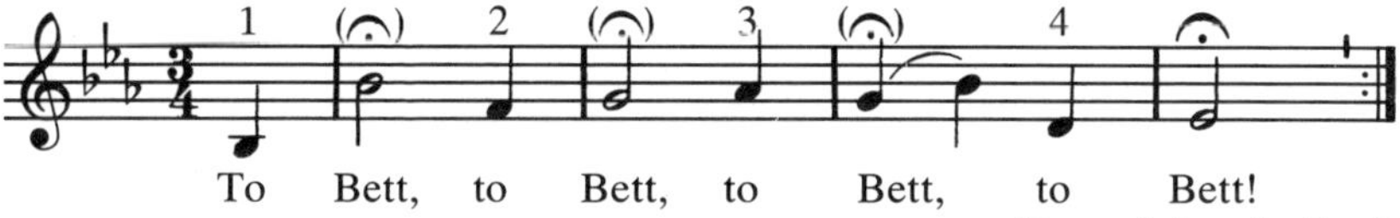
1 2 3 4
To Bett, to Bett, to Bett, to Bett!

Worte nach einem alten Spruch

Kanon I und II sind jeweils in sich abgeschlossen. Sie können sowohl voneinander unabhängig wie auch aufeinanderfolgend ausgeführt werden, wobei im letzteren Falle Kanon II die Stelle einer Coda einnimmt.

Sonne schlafen geht

Zu 4 Stimmen

Rolf Lukowsky

1
2
Son- ne schla-fen geht, Mond am Himmel steht,
3
4
Ster- ne hal- ten Wacht. Gu- te Nacht!

Abschiedskanon

Zu 4 Stimmen

Heinz Opitz

1
2
Einmal laßt uns noch singen! Wird es auch bald verklingen,
3
4
bleibt uns-re Freundschaft doch be-stehn. Auf Wie-der- sehn! Ja!

Abenddämmrung sinket still

Zu 3 Stimmen

Siegfried Stolte

1
A- benddämmrung sin- ket still ü-ber Hof und Haus.
2
Der Wind bläst sacht und lei- se das letz- te Licht-lein
aus. Die Menschen schla-fen hoffend in den neu- en Tag.
3

Hanna Stolte

Wille, wille, will, der Mann ist kommen

(LIEDKANON/KANONLIED)

Zu 4 Stimmen

Johannes Brahms

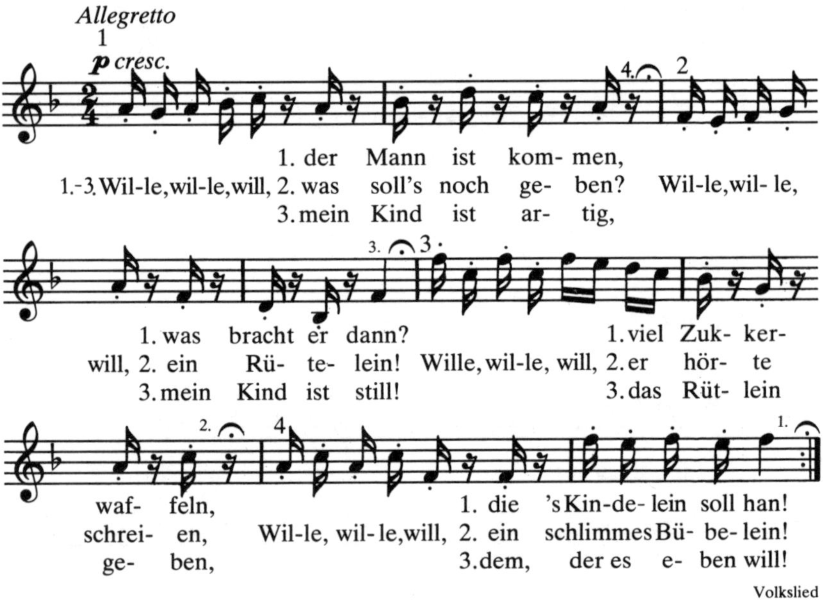
Allegretto
1
p cresc.
1. der Mann ist kom- men,
1.-3. Wil-le, wil-le, will, 2. was soll's noch ge- ben? Wil-le, wil- le,
3. mein Kind ist ar- tig,
2
1. was bracht er dann? 1. viel Zuk- ker-
will, 2. ein Rü- te- lein! Wille, wil-le, will, 2. er hör- te
3. mein Kind ist still! 3. das Rüt- lein
3
waf- feln, 1. die 's Kin-de- lein soll han!
schrei- en, Wil-le, wil- le, will, 2. ein schlimmes Bü- be- lein!
ge- ben, 3. dem, der es e- ben will!
4

Volkslied

Schlaf, Kindlein, schlaf

Zu 3 Stimmen

Johannes Brahms

1
2
Schlaf, Kindlein schlaf! Der Va-ter hüt't die Schaf, die
3
Mut- ter schüttelt's Bäu- melein, da fällt her- ab ein
Träumelein: Schlaf, Kindlein, schlaf, schlaf, Kind- lein,
schlaf, Kindlein, schlaf! Der Va- ter hüt't die_ Schaf.

Original C-Dur

Volksmund

Bona nox

Zu 4 Stimmen

Wolfgang Amadeus Mozart

1
Bo- na nox, bist a rech-ter Ochs, bo-na
2
not- te, lie- be Lot- te; bonne nuit, pfui,
3
pfui, good night, good night, heut müeß ma no weit, gu- te
Nacht, gu- te Nacht, 's wird höchste Zeit, gu- te Nacht!
4
Schlaf fei g'sund und bleib recht ku- gel- rund!

Bonsoir / Gut' Nacht

Zu 4 Stimmen

Französische Volksweise

1
Bon- soir,_ bon- soir!_ La bru-me
Gut'_ Nacht, gut'_ Nacht! Nebel steigt
2
mon-te du sol,_ on en- tend le ros- si- gnol;_
hö- her im Tal,_ hört man die Nach- ti- gall;_
3
la bru- me mon- te du sol,_ on en- tend
Ne- bel steigt hö- her im Tal,_ hört man die
4
le ros-si- gnol._ Bon- soir,_ bon- soir!_
Nach- ti- gall._ Gut'_ Nacht, gut'_ Nacht!

Worte aus dem Französischen übertragen von E. R.

Alles schweiget

Zu 3 Stimmen

Joseph Haydn

1
Al- les schwei- get, Nach- ti- -gal- len
2
lok- ken mit sü- ßen Me- lo- di- en Trä- nen ins
Au- ge, Schwermut ins Herz,
3
lok- ken mit sü- ßen
Me- lo- di- en Tränen ins Au- ge,. Schwermut ins Herz.

Verfasser unbekannt

Freundschaft und Liebe

Wenn ich ein Vöglein wär

Zu 3 Stimmen

Egon Rubisch
nach der Volksweise

1
2
3
Wenn ich ein Vög- lein wär und auch zwei
Flü- gel hätt, flög ich zu dir.

Volkslied

Im Arm der Liebe

Zu 3 Stimmen

Ludwig van Beethoven

1
Im Arm der Lie- be ruht sich's
wohl, ruht sich's wohl, ruht sich's wohl.
2
Wo es auch sei, das ist dem Mü- den ei- ner-
lei, das ist dem Mü- den ei- - ner-
3
lei. Im Schoß der Er- de ruht sich's
wohl, ruht sich's wohl, ruht sich's wohl!

Original F-Dur

Wilhelm Ueltzen

Freundschaft

Zu 3 Stimmen

Ludwig van Beethoven

1
Freundschaft ist die Quel- le wah-rer Glück- se- ligkeit,
2
Freund-schaft, Freund-schaft ist die Quel- - le
3
wah- rer Glück- se- lig- keit, Freund- schaft, Freund-schaft
ist die Quel- - le wah-rer Glück-se- lig-keit.

Wahre Liebe

Zu 4 Stimmen

Johann Friedrich Reichardt

1
2
Das ist die wah- re Lie- be, die
3
4
im- mer und im- - mer sich gleich bleibt,
wenn man ihr al- les ge- währt, wenn man ihr
al- les ver- sagt, ihr al- les ver- sagt.
Schluß: ver- sagt.

Heut kommt der Hans zu mir

Zu 2 Stimmen

Mündlich überliefert

1
Heut kommt der Hans zu mir, freut sich die Lies!
2
Ob er aber über Ober-ammer-gau
o-der a-ber ü-ber Un-ter-am-mer-gau
o-der a-ber ü-ber-haupt nicht kommt, ist nicht ge-wiß.

Beim Tag scheint die Sonne

(LIEDKANON/KANONLIED)

Zu 3 Stimmen

Horst Irrgang

1 2 3
1. Beim Tag scheint die Son-ne, und nachts scheint der
Schluß: die Son-ne.
2. Beim Tag fällt der Re-gen, und nachts fällt der
Schluß: der Re-gen.
Mond, wie sind doch mei'm Bürsch-le sei Löck-le so
Tau, wie sind doch mei'm Mäd-le die Äug-le so
blond, wie sind doch mei'm Bürschle sei Löck-le so blond!
blau, wie sind doch mei'm Mäd-le die Äug-le so blau!

Volkslied

Warnung

Zu 3 Stimmen

Carl Maria von Weber

1
Mäd- chen, ach, mei- de Män-ner-schmeiche- lein, die
ko- senden Wor- te, Mädchen, schlä- fern dich ein! Ach, die
2
3
sü- ßen Schmeiche- lei- en wür- den dich gar bald ge-
reu- en, glau- be, Mäd- chen, mei- nen Wor- ten, si- cher
Wiederholung
wird es dich ge- reu- en, lie- bes
Schluß
wird es dich ge- reun!

Hätt i di, hab i di

Zu 2 Stimmen

Mündlich überliefert

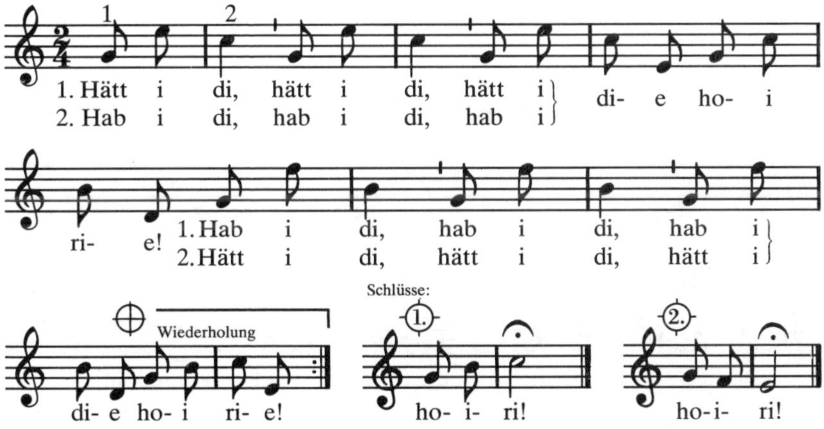
1
2
1. Hätt i di, hätt i di, hätt i
2. Hab i di, hab i di, hab i
di- e ho- i
ri- e!
1. Hab i di, hab i di, hab i
2. Hätt i di, hätt i di, hätt i
Wiederholung
di- e ho- i ri- e!
Schlüsse:
1.
ho- i- ri!
2.
ho- i- ri!

Beaux yeux / Schöne Augen

Zu 3 Stimmen

Ungenannter Meister
aus Frankreich, 17. Jh.

1
2
3
Beaux yeux, beaux yeux, de- puis que je
Schö- ne Au- gen, schö- ne Au- gen, seit mich bannt ihr
vous ad- mi- re, je n'en suis pas plus heu- reux.
Glanz und Schein, kann ich glück- li- cher nicht sein.

Worte aus dem Französischen übertragen von E. R.

Rose

Zu 4 Stimmen

Ungenannter Meister
aus England, 17. Jh.

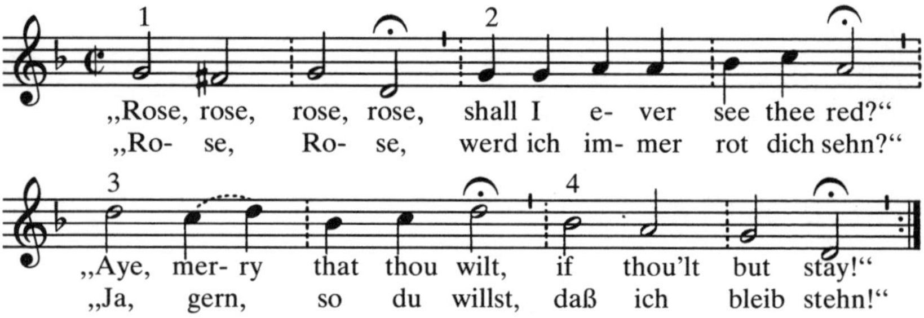
1
2
„Rose, rose, rose, rose, shall I e- ver see thee red?"
„Ro- se, Ro- se, werd ich im- mer rot dich sehn?"
3
4
„Aye, mer- ry that thou wilt, if thou'lt but stay!"
„Ja, gern, so du willst, daß ich bleib stehn!"

Worte aus dem Englischen übertragen von E. R.

Im Weiberaug dräut Minne

Zu 4 Stimmen

Horst Irrgang

1
2
Im Wei-beraug dräut Min- ne wie in dem Netz die Spin-
3
4
ne, die Spin-ne, so dräut — im Wei-ber-aug die Min- ne.

Romain Rolland

Im Tal, da liegt der Nebel

Zu 3 Stimmen

Mündlich überliefert

1
Im Tal, da liegt der Ne- bel, auf den
Schluß: nicht wahr!
2
Hö- hen, da ist's klar, und was die Leu- te von uns
3
re- den, ist al- les, ist al- les nicht wahr!
ist nicht wahr!

Ja und Nein

Zu 3 Stimmen

Joseph Haydn

1
Es sa- gen Ja die Blik- ke, die Wor- te sa- gen
2
3
Nein! Ja, Nein: Dies pflegt bei Mädchen im- mer ver-
Schluß: Die Wor- te sa- gen Nein.
mischt zu sein, dies pflegt, dies pflegt ver- mischt zu sein.

Worte nach Friedrich von Logau

Der Kuß

Zu 4 Stimmen

Ernst König

1
2
3
Den Mund gab die Na- tur uns nicht zur Sprache nur: das
4
was ihn sü- ßer, sü- ßer macht, ist, daß er küßt und lacht.

Johann Christian Günther

Dû bist mîn

Zu 2 Stimmen

Horst Irrgang

1
Dû bist mîn, ich bin dîn, des
2
solt dû gewis sîn, des solt dû gewis sîn.

Münchner Handschrift, 12. Jh.

Kume, kum, geselle mîn

Zu 2 Stimmen

Siegfried Stolte

1
2
Ku- me, kum, ge- sel- le mîn, îh en- bî- - te har- te dîn.

Aus den „Carmina Burana“, 13. Jh.

All mein Gedanken

(LIEDKANON)

Zu 2 Stimmen

Egon Rubisch

nach dem Minnelied

1
2
All mein Ge- dan- ken, die ich
Du aus- er- wähl- ter einz- ger
hab, die sind bei dir, die sind bei dir.
Trost, bleib stet bei mir, bleib stet bei mir.

Lochamer Liederbuch, vor 1460

Was sich liebt

Zu 3 Stimmen

Rolf Lukowsky

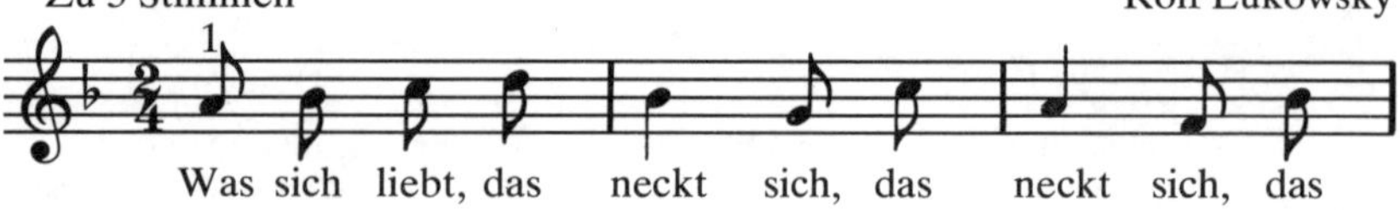
1
Was sich liebt, das neckt sich, das neckt sich, das

2
3
neckt sich, was sich liebt, ja, was sich liebt, das neckt sich,
was sich liebt, ja, was sich liebt, das neckt sich.

Sprichwort

Steter Tropfen höhlt den Stein

Zu 4 Stimmen

Rolf Lukowsky

1
2
3
4
Ste- ter Trop-fen höhlt den Stein, und dann
dringt das Was- ser ein! So kann es auch in der
Lie- be sein, hü- tet euch drum, ihr Mäg-de- lein!

Spruchweisheit

Mancher Berg ist hoch und fern

Zu 2 Stimmen

Ukrainische Volksweise

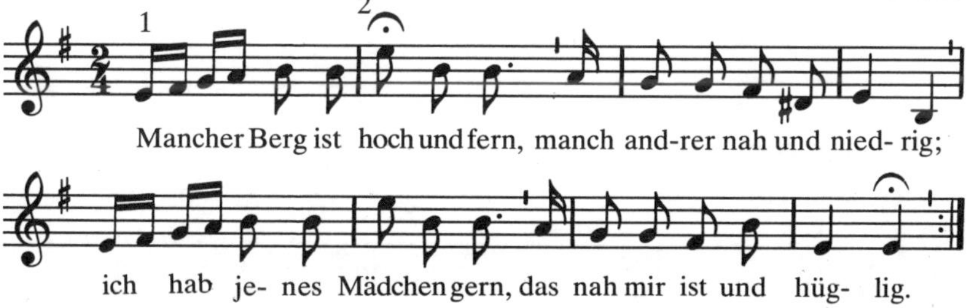
1
2
Mancher Berg ist hoch und fern, manch and-rer nah und nied- rig;
ich hab je- nes Mädchen gern, das nah mir ist und hüg- lig.

Ukrainisches Volkslied – Deutsche Textfassung von Dirk Mandel

Es wollt' ein Mägdlein tanzen gehn

(KANONLIED)

Zu 2 Stimmen

Deutsche Volksweise

1
2
1. Es wollt' ein Mägd-lein tan- zen gehn, sucht Ro- sen auf der
was fand sie da am We- ge stehn? Ein Ha- sel, die war
2. „Nun grüß dich Gott, Frau Ha- se- lin, von was bist du so
„Nun grüß dich Gott, feins Mäg- de- lein, von was bist du so
3. "Von was daß ich so schö- ne bin, das kann ich dir schon
ich eß weiß Brot, trink küh- len Wein, drum bin ich auch so
4. „Ißt du weiß Brot, trinkst küh- len Wein und bist da- von so
auf mich so fällt der küh- le Tau, da- von bin ich so
5. „Hüt dich, hüt dich, Frau Ha- se- lin, und tu dich wohl um-
ich hab da- heim zween Brü- der stolz, die wol- len dich ab-
6. „Und haun sie mich im Win- ter ab, im Som-mer grün ich
ver- liert ein Mägd-lein ih- ren Kranz, den find't sie nim- mer

1. STIMME
2. STIMME
1. Hei- de, sucht Ro- sen auf der Hei- de, ja Hei- de,
grü- ne, ein Ha- sel, die war grü- ne, ja grü- ne.
2. grü- ne, von was bist du so grü- ne, ja grü- ne?"
schö- ne, von was bist du so schö- ne, ja schö- ne?"
3. sa- gen, das kann ich dir schon sa- gen, ja sa- gen:
schö- ne, drum bin ich auch so schö- ne, ja schö- ne."
4. schö- ne, und bist da- von so schö- ne, ja schö- ne,
grü- ne, da- von bin ich so grü- ne, ja grü- ne."
5. schau- en, und tu dich wohl um- schau- en, ja schau- en,
hau- en, die wol- len dich ab- hau- en, ja hau- en."
6. wie- der, im Som-mer grün ich wie- der, ja wie- der;
wie- der, den find't sie nim-mer wie- der, ja wie- der."

Volkslied

Schau ich dich an

Zu 3 Stimmen

Moritz Hauptmann

1
Schau ich dich an, du Hol- de, o wie

2
3
regt sich's im Her- zen mir, o wie schlägt's ent- ge- gen
dir, o wie regt sich's froh, schlägt's ent- ge- gen dir, wie
schlägt's ent- ge- -gen dir, regt sich's froh, froh im
Her- zen mir, wie regt sich's froh mir im Her- zen.

Prídi ty / Zeitig am Morgen

(KANONLIED)

Zu 2 Stimmen

Slowakische Volksweise

1
2
1. Prí- di ty, šu- haj- ko, prí- di k nám, u- vi- díš,
2. A ked' si tú prá- cu vy- ko- nám, po- tom si
1. Zei- tig am Mor-gen, da steh ich auf, Däm- me- rung
2. Wenn ich mit Mel-ken dann fer- tig bin, klingt mein Lied
1. čo ja tak ro- bie- vam: včas rá- no vstá-vam, kra-vy na-
2. ve- se- lo za- spie- vam a pri tom spe- ve a- ko pri
1. liegt noch rings um das Haus, trän-ke die Scha-fe, trän-ke die
2. ü- ber die Fel- der hin; a-bends dann sing ich für mei- ne
1. pá- jam, o- več- ky na po- le vy- há- ňam.
2. prá- ci, za- vše len na te- ba my- slie- vam.
1. Kü- he, trei- be sie al- le aufs Feld hin- aus.
2. Lieb- ste. Schö-ne, du gehst mir nicht aus dem Sinn.

Slowakisches Volkslied – Deutsche Nachdichtung von Gabriele Sander

Heute ist Geburtstag

Zu 4 Stimmen | Mündlich überliefert

1 2 3 4
Heu- te ist Ge- burts- tag, heu- te ist Ge- burts- tag.
heu- te ist Ge- burts- tag, und das ist schön!

Wir gratulieren

Zu 4 Stimmen | Moritz Hauptmann

1 2 3 4
Wir kom-men all und gra- tu- lie- - ren
zum Ge- burts- tag un- serm Freun- de Hans!*
Schluß: Ge- burts- tag!

* Name nach Belieben

Zum Geburtstag

Zu 4 Stimmen | Mündlich überliefert

1 2 3 4
Viel Glück heut zum Ge- burts- tag
wün- schen wir von Her- zens- grund.

Glück und Freude

Zu 3 Stimmen | Giambattista Martini

1
Glück und Freu- de, Glück und Freu- de wün- schen

wir dem Ge-burts-tags- kind. Viel Glück, viel Glück,
viel Glück im neu-en Le-bens- jahr,
viel Glück, viel Glück im neu-en Le-bens- jahr.

Worte unterlegt von Wilhelm Kühlbrodt

Geburtstags-Kanon

Zu 4 Stimmen

Andreas Unterumsberger

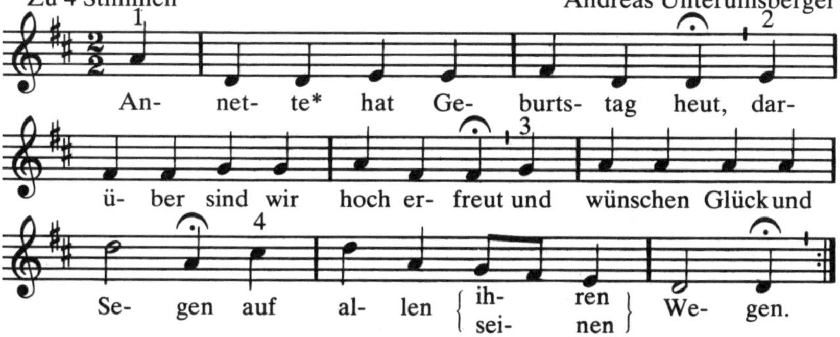
An- net- te* hat Ge- burts- tag heut, dar-
ü- ber sind wir hoch er- freut und wünschen Glück und
Se- gen auf al- len {ih- ren / sei- nen} We- gen.

* Name nach Belieben, z. B. auch: Der Peter . . ., Die Heidi . . . u. a.

Ein neues Jahr voll Lieb und Freud

Zu 3 Stimmen

Mündlich überliefert

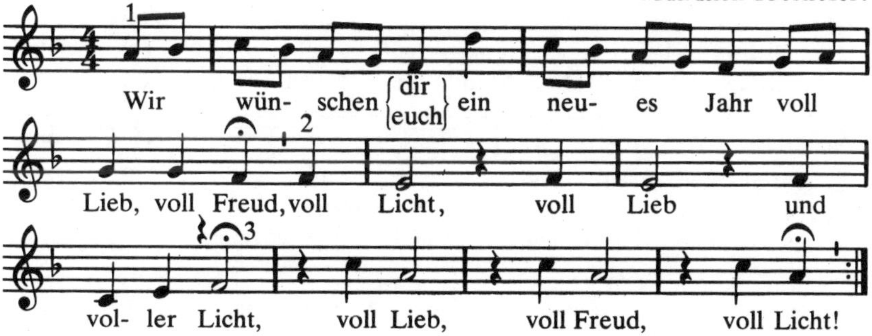
Wir wün- schen {dir / euch} ein neu- es Jahr voll
Lieb, voll Freud, voll Licht, voll Lieb und
vol- ler Licht, voll Lieb, voll Freud, voll Licht!

Amely Grelle

Ein' dunkle Wolk

(KANONLIED)

Deutsche Volksweise
nach Wolfgang Schmeltzl, Quodlibet, 1544

Zu 2 Stimmen (gemischten)*

1 2
1. Es geht ein' dunk-le Wolk her- ein; mich deucht, es wird ein
2. Es geht ein' dunk-le Wolk her- ein; es soll und muß ge-
1. STIMME
Re- gen sein, ein Re- gen aus den Wol- ken,
schie-den sein: A- de, Feins-lieb, dein Schei- den
2. STIMME
1. und 2. STIMME (unisono)
aus den Wol- ken, wohl in das grü- ne Gras.
Lieb, dein Schei- den macht mir das Her- ze schwer.

Worte (1. Str.) aus Werlins Liederhandschrift, 1646,
und (2. Str.) nach dem „Zupfgeigenhansl", 1909

* Ausführung in der Reihenfolge der Einsätze: Frauenstimme(n) – Männerstimme(n); für letztere gilt (8)

Gesegn dich Laub

(KANONLIED)

Zu 2 Stimmen (gemischten)*

Martin Plüddemann

1 2
1. Ge- segn dich Laub, ge- segn dich Gras, ge-
2. Ihr lie- ben Eng- lein, steht mir bei, weil
3. Ge- segn dich Mond, ge- segn dich Sonn, ge-
1. segn dich al- les, was, da was, ich
2. Leib und Seel bei-'nan der sei, daß
3. segn dich Traut- lieb, mei- ne Wonn, da

* Ausführung in der Reihenfolge der Einsätze: Frauenstimme(n) – Männerstimme(n); für letztere gilt (8) – Bei gleichstimmiger Besetzung Ausführung in der Originaltonart mit der Einsatzfolge: Sopran – Alt

2.
1.
(8)
1. muß___ von hin- nen schei- - - - - den.
2. mir___ mein Herz___ nicht bre- - - - - che.
3. ich___ von hin- nen fah- - - - - re.
Schluß: 1. schei- den.
2. bre- che.
3. fah- re.

Original g-Moll

Villinger Handschrift, 15. Jh.

Zum Abschied

Zu 4 Stimmen

Eusebius Mandyczewski

1
2
3
Lebt wohl, ihr grü- nen Wie- sen, ihr
Schluß: Wie- sen, lebt wohl! lebt
4
freund- li- chen Tä- ler und Ber- ge, lebt wohl!
wohl! lebt wohl!

Auf frohes Wiedersehn

Zu 3 Stimmen

Christian Lange

1
2
Wenn wir aus- ein- an- der- gehn, dann sa- gen wir: „Auf
3
Wie- der- sehn! Auf fro- hes Wie-der- sehn!“___

Auf Wiedersehn

(KANON-QUODLIBET)

I Zu 3 oder 4 Stimmen — Mündlich überliefert

1
Je- der- zeit
2
hier und dort,
II Zu 2 Stimmen
Horst Irrgang
1
Gut er- holt wir heim- wärts gehn;
3
Wie- der- sehn macht froh uns an
4
je- dem Ort.
Fassung der Worte und Weise von E. R.
2
sa- gen gern: Auf Wie- der- sehn, auf Wie- der- sehn!

Auf Wiedersehn, lebt wohl

(GESELLIGER ABSCHIEDSKANON)

Zu 4 Stimmen* — Horst Berner

Fröhlich — Schluß (Coda)

1
1. Auf Wie- dersehn,auf Wie-der- sehn!
2. Und weil wir uns so gut ver- stehn,
Lebt wohl!
2
1.___ Jetzt heißt es aus- ein- an- der gehn.
2.___ freun wir uns auf ein Wie-der-sehn.
Lebt wohl!
3
1.2. Lebt wohl, lebt wohl!
Lebt wohl!
4
1.2. Auf Wie- dersehn, lebt wohl!
Lebt wohl!

* Der Kanon wird zunächst von allen Stimmen gemeinsam einstimmig durchgesungen, dann mit zwei, drei oder vier Einsätzen so lange, bis die zuletzt einsetzende Stimme den ganzen zweistrophigen Kanon zu Ende gesungen hat. Dann geht jede Stimme in ihren Schluß.

Sinn und Spruch

Eines schickt sich nicht für alle

Zu 4 Stimmen | Mündlich überliefert

1
2
3
4
Ei- nes schickt sich nicht für al- le, se- he
je- der, wie er's trei- be, se- he je- der, wo er
blei- be, und wer steht, daß er nicht fal- le!

Johann Wolfgang von Goethe

Ohne Fleiß kein Preis

Zu 3 Stimmen | Günter Altmann

1
2
3
Oh- ne Fleiß kein Preis, oh- ne Fleiß kein Preis.
Oh-ne Fleiß, oh- ne Fleiß, oh- ne Fleiß kein Preis.

Sprichwort

Ergründe, ergrabe, ergreife das Glück

Zu 3 Stimmen | Herbert Zimpel

1
2
3
Er- grün- de, er- gra- be, er- grei- fe das
Glück, ent- flo- hen, ent- flo- gen,
gen,
kommt's nim- mer zu- rück!

Johann Wolfgang von Goethe

Liegt dir Gestern klar und offen

Zu 3 Stimmen

Herbert Zimpel

1
Liegt dir Ge- stern klar und of- fen, wirkst du heu- te
kräf- tig, frei,
2
darfst du auf ein Mor- gen hof- fen,
das nicht min- der glück- lich sei,
3
darfst du auf ein
Mor- gen hof- fen, das nicht min- der glück- lich sei.

Johann Wolfgang von Goethe

Wer Gutes tut

Zu 3 Stimmen

Friedrich Silcher

Moderato

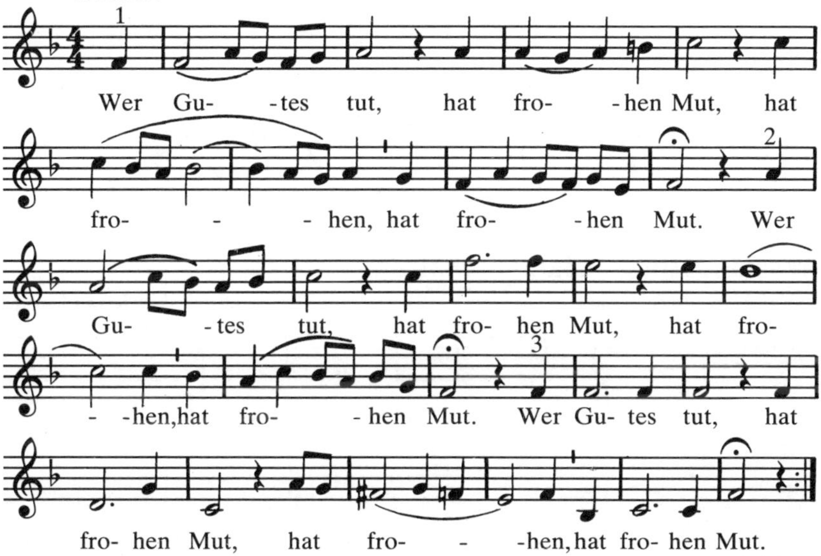
1
Wer Gu- - tes tut, hat fro- - hen Mut, hat
fro- - - hen, hat fro- - hen Mut.
2
Wer
Gu- - tes tut, hat fro- hen Mut, hat fro-
- -hen, hat fro- - hen Mut.
3
Wer Gu- tes tut, hat
fro- hen Mut, hat fro- - -hen, hat fro- hen Mut.

Sprichwort

Du mußt steigen oder sinken

Zu 3 Stimmen

Siegfried Köhler

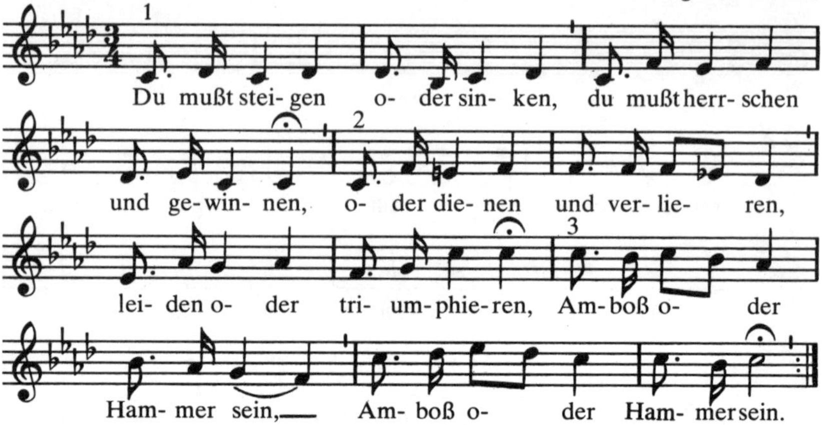
1
Du mußt stei- gen o- der sin- ken, du mußt herr- schen
und ge- win- nen, o- der die- nen und ver- lie- ren,
2
lei- den o- der tri- um- phie- ren, Am- boß o- der
3
Ham- mer sein, Am- boß o- der Ham- mer sein.

Johann Wolfgang von Goethe

Ein Mensch – wie stolz das klingt

Zu 3 Stimmen

Horst Irrgang

1
2
Ein Mensch, ein Mensch – wie stolz das klingt! Ein
3
Mensch – wie stolz, wie stolz das klingt, wie stolz das klingt!

Maxim Gorki

Was des Volkes Hände schaffen

Zu 4 Stimmen

Christian Lange

1
2
3
4
Was des Vol- kes Hän- de schaf- fen, ist des
3. 4.
2.
1.
Vol- kes ei- gen, des Vol- kes ei- gen.
Schluß: ja, ei- gen.

Spruch

Aus dem Funken wird die Flamme schlagen

(ISKRA-KANON)

Zu 4 Stimmen

Christian Lange

1
Aus dem Fun- ken wird die Flam- me schla- gen,
2
die sie tra- gen, wer- den al- les wa- gen,
3
mil- li- o- nen- haft Pro- me- theus sein.
4
Kein Pro- me- theus kämpft heut mehr al- lein.

Coda (ad lib., im Anschluß an die Fermaten):

Kein Pro- me- theus kämpft heut mehr al- lein.

Kurt Rudolf Böttger nach einem Lenin-Zitat

Es löste aus Blindheit

Zu 4 Stimmen

Christel Lötzsch

1
2
Es lö- ste aus Blind- heit, aus Krieg und aus
3
4
Fron die jun- -ge, die mäch- ti- ge So- wjet- u- nion.

Stephan Hermlin

Proletarier aller Länder, vereinigt euch

Zu 4 Stimmen | Herbert Zimpel

1 2 3 4
Pro- le- ta- ri- er al- ler Län- der, ver-
ei- nigt euch, ver- ei- nigt euch; Pro- le- ta- ri- er
al- ler Län- der, ver- ei- - - nigt euch!

Aus dem „Manifest der Kommunistischen Partei", 1848

Den Sozialismus in seinem Lauf

Zu 4 Stimmen | Christian Lange

1 2 3 4
Den So- zia- lis- mus in sei- nem Lauf hält
we- der Ochs noch E- sel auf, hält we- der Ochs,
hält we- der Ochs, hält we- der Ochs noch E- sel auf!

Schluß: noch E- sel auf!

August Bebel

August Bebel rief diese Worte um die Jahrhundertwende im Reichstag den Abgeordneten der Konservativen zu, die überwiegend „Krautjunker", d. h. Großgrundbesitzer waren.

Und die Tat, sie bleibt uns doch

Zu 4 Stimmen | Christian Lange

1
Dar- um laßt uns al- les wa- gen, nim- mer ra- sten

2
nim-mer ruhn, nur nicht dumpf so gar nichts sa- gen
3
und so gar nichts wolln und tun! Nur nicht brü- tend
4
hin- ge- gan- gen ängst-lich in dem niedern Joch, denn das
Seh-nen und Verlan- gen und die Tat, sie bleibt uns doch!

Karl Marx

Arbeite, plane, regiere mit

Zu 3 Stimmen

Herbert Zimpel

1
2
Ar- beite, pla- ne, re- gie- re mit, dann geht es vor- wärts
3
Schritt für Schritt, dann geht es vor- wärts Schritt für Schritt!

Worte nach einer Losung

Wann wir schreiten Seit an Seit

(LIEDKANON)

Zu 3 Stimmen

Egon Rubisch
nach der Weise von Michael Englert

1
2
3
Wann wir schrei- ten Seit an Seit und die al- ten Lie- der
klin-gen, füh-len wir, es muß ge- lin- gen.
Schluß: muß es ge- lin- gen.

Hermann Claudius

Seid euch bewußt der Macht

Zu 4 Stimmen

Heidemarie Wunderlich

1
2
3
4
Seid euch be- wußt der Macht! Die Macht ist
euch ge- ge- - ben, daß ihr sie nie,— nie
mehr aus eu- ren Hän- den gebt.
Schluß (Coda):
Nie mehr!

Johannes R. Becher

Wie wir morgen leben werden

Zu 4 Stimmen

Herbert Zimpel

1
2
3
4
So, wie wir heu- te ar- bei- ten, so, wie wir
Schlüsse: 3. wer- den wir mor- gen le- ben. 2. wer- den
heu- te ar- bei- ten, wer- den wir mor- gen
wir mor- gen le- ben.
le- - -ben, wer- den wir mor- gen le- ben.

Losung

Einigkeit macht stark

Zu 4 Stimmen

Herbert Zimpel

1
2
3
4
Al- lein sind wir nichts, zu- sam- men sind wir
al- les! Reicht euch die Hand, denn Ei- nig keit macht stark!

Frieden der Welt

Zu 4 Stimmen

Siegfried Stolte

1
Frie- den der Welt! Mit al- len Völ- kern
2
Frie- - den! Frie- - den, so
3
ruft es von Land zu Land, so
4
ruft es von Land zu Land.

Hanna Stolte

Jede Tat für den Frieden

Zu 4 Stimmen

Christian Lange

1
Je- der Ge- dan- ke,
Schluß: Ge- dan- ke!
2
je- - des_ Wort,
3
je- de_ Tat für den
4
Frie- - den!

Ostsee, Meer des Friedens

(ZUR OSTSEEWOCHE)

Zu 4 Stimmen

Herbert Zimpel

1
Von Ro- stock schallt ein Ruf ü- bers
2
Meer und mäch- tig_ klingt sein E- cho_
3
her: Ein Meer des Frie-
4
dens soll_ die Ost- see sein._

Dona nobis pacem

Zu 3 Stimmen

Mündlich überliefert

1
Do- na no- bis pa- cem, pa- cem, do- -na
no- bis pa- - cem!
2
Do- na no- bis pa- cem, do- na no- bis pa- - cem!
3
Do- na no- bis pa- cem, do- na no- bis pa- - cem!

Übersetzung: Gib uns Frieden!

Wir wollen Frieden auf Erden

Zu 4 Stimmen

Ludwig Ernst Gebhardi

1
Wir wol- len Frie- den auf Er- - den,
2
Frie- den, Frie- den auf Er- - den!
Al- le
3
Men- schen wolln glück- lich wer- - den, al-
4
- - - le, wir al- - le.

Worte unterlegt von Siegfried Bimberg

Willst du für den Frieden leben

Zu 4 Stimmen

Günter Olias

1 2 3 4
Willst du für den Frie- den le- ben, ein
Le- ben, das du schaf- fend liebst, wird dir die Kraft der
Frie- de ge- ben, wie du die Kraft dem Frie- den gibst.

Heinz Lauckner

Was gibt uns wohl den schönsten Frieden

Zu 3 Stimmen

Herbert Zimpel

1 2 3
Was gibt uns wohl den schön- sten Frie- den, als
frei, als frei, als frei am eig- nen Glück zu schmie-den.

Johann Wolfgang von Goethe

Bedenket es gut

Zu 4 Stimmen (auch gemischten)*

Wilhelm Lutter

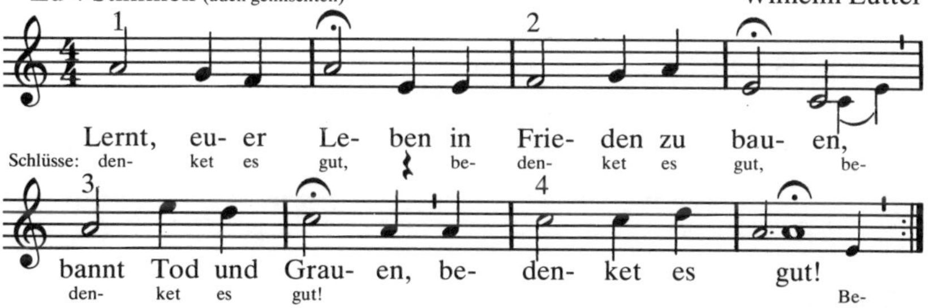
1 2 3 4
Lernt, eu- er Le- ben in Frie- den zu bau- en,
Schlüsse: den- ket es gut, be- den- ket es gut, be-
bannt Tod und Grau- en, be- den- ket es gut!
den- ket es gut! Be-

Worte nach einem Gedicht von Hans Lorbeer

* Bei gemischtstimmiger Ausführung Einsätze in der Reihenfolge: Sopran – Tenor – Alt – Baß. Alle Stimmen schließen gleichzeitig auf die Worte „Bedenket es gut!": Sopran auf der Fermate in Takt 8, Alt in Takt 4, Tenor in Takt 6, Baß in Takt 2.

Sei willkommen, Kind

(ZUR NAMENSGEBUNG)

Zu 4 Stimmen

Heinz Krause-Graumnitz

1
Kind, wie schön, daß wir dich ha- ben,
2
sei will- kom- men auf der Er- de!
3
Daß sie auch die dei- ne werde,
4
da- zu hast du vie- le Ga- ben.
Schluß

Gerd Semmer

Schritt für Schritt

Zu 2 (oder 4) Stimmen

Egon Rubisch

1
(2)
2
(3)
(4)
Schritt für Schritt! Komm zu uns, komm mit!

Tretet ins Leben

(ZUR JUGENDWEIHE)

Zu 3 Stimmen

Siegfried Stolte

1
Tre- tet ins Le- ben! Öff- net das
2
Tor, ihr Kin- der von heu- te, und seht das präch- ti- ge
Schluß: und tre- tet ins Le- ben!

3
Mor- gen da- vor! Für euch, die ihr heu- te

Hanna Stolte

Vom Ich zum Wir

Zu 2, 3 oder 4 Stimmen

Siegfried Stolte

1 2
Gehst du den Weg vom Ich zum
3 4
Wir, so hilfst du an- dern und auch dir.

Erich Stein

Habe stets ein Ziel vor Augen

Zu 4 Stimmen

Herbert Kirmße

1 2
Dei- ne Ar- beit wird nichts tau- gen, ist sie
3
nutz- los, oh- ne Sinn: Ha- be stets ein Ziel vor
4
Au- gen, und nach die- sem stre- be hin!

Georg Hinrich Förster

Es lebe die Arbeit

Zu 3 Stimmen

Andre Asriel

Bestimmt (𝅗𝅥. = 60)

1 2
Es le- be die Arbeit, die Freude uns schafft, es le- be des
3
Lebens pul- sie- rende Kraft, es le- be die Ar- beit!

Herbert Keller

Wir schichten die Steine

Zu 3 Stimmen — Günter Altmann

1 2 3
Wir schichten die Stei-ne, wir schichten die
Stei- ne zu Hauf. Wir bau- en auf, wir bau- en,
wir bau- en auf. Wir schichten die Stei- ne zu Hauf.

Glück auf

Zu 3 Stimmen* — Siegfried Stolte

1 2 3
Glück auf! Glück auf! Glück auf! Der Berg- mann
bracht' aus tie- fer Nacht die Koh- le an den Tag.

Hanna Stolte

* Alle Stimmen singen aus; dann wird nochmals einstimmig angefangen und auf den Fermaten ausgehalten.

Dank sei dem Bergmann

Zu 4 Stimmen — Siegfried Stolte

Feierlich (nicht zu langsam)

1 2 3 4
Aus dem dunk- len Schoß der Er- de tritt das
Schluß: Er- - -de
schwarze Gold zum Licht. Bergmann, oh- ne dei- ne
Hän- de leb- ten wir dies Le- ben nicht!

Hanna Stolte

Wer unser neues Dorf nicht sieht

Zu 5 Stimmen*

Siegfried Stolte

Vivace
Wer sei-ne Dek-ke zieht bis ü- ber bei- de Oh-ren und
un-ser neues Dorf nicht sieht, der hat ver- lo- ren, ver- lo-ren.

Erich Stein

Aus dem musikalischen Bilderbuch „Das schöne Dorf"

* Nach den Fermaten singen alle Stimmen den Kanon noch einmal einstimmig durch; erst hierbei werden am Schluß die Oktavverdoppelungen gesungen.

Leineweber-Kanon

Zu 3 Stimmen

Christian Lange
nach der Volksweise

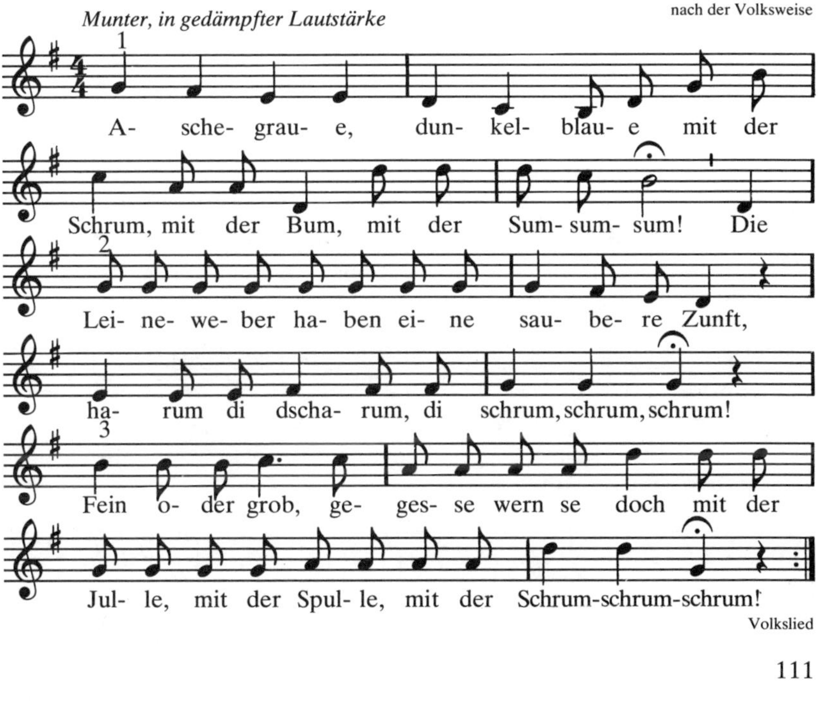
Munter, in gedämpfter Lautstärke
A- sche- grau- e, dun- kel- blau- e mit der
Schrum, mit der Bum, mit der Sum- sum- sum! Die
Lei- ne- we- ber ha- ben ei- ne sau- be- re Zunft,
ha- rum di dscha- rum, di schrum, schrum, schrum!
Fein o- der grob, ge- ges- se wern se doch mit der
Jul- le, mit der Spul- le, mit der Schrum-schrum-schrum!

Volkslied

Die Woche im Quodlibet

Zu 7 Stimmen

ERSTER TAG (ALT I/BAR. II)
(8)
Am Mon- tag wolln wir oh- ne ein
Froh- sinn und Tat- kraft die
ZWEITER TAG (SOPR. III / BAR. I)
(8)
Ob du dich freust, ob du
brin- ge wie stets auch am
DRITTER TAG (SOPR. II/TEN. II)
(8)
Schon spürt man, wie schnell doch die
Mitt- woch, da wird je- de
VIERTER TAG (ALT III/BASS I)
(8)
Der Don- ners- tag heißt so, auch
Don- ner- wet- ter, doch das ist
FÜNFTER TAG (ALT II / BAR. III)
(8)
Der Frei-tag ist noch ein Dienst- Tag, – wie
naht das Wo- chen- en- de, man
SECHSTER TAG (ALT IV, BASS II)
(8)
Der näch- ste Tag wird mit zwei
Sams- tag und Sonn- a- bend,
SIEBENTER TAG (SOPR. I/TEN. I)
(8)
Wer weiß, ob am Sonn- tag die Son- ne
vier- undzwanzig Uhr die Wo- che vor- bei ist,

Christian Lange

1. 2.
(8)
lan- ges Be- sin- nen mit
Wo- che be- gin- nen.
lachst o- der grienst, voll-
Dienstag dei- nen Dienst.
Zeit uns ent- eilt: Am
Wo- che ge- teilt.
bringt er manch- mal ein
sel- ten der Fall.
soll denn das gehn?! Dann
kann es schon sehn.
Na- men be- nannt, nämlich
das ist be- kannt.
scheint im- mer- dar, doch daß um
das ist ganz klar.

Fang deine Arbeit munter an

Zu 3 Stimmen — Manfred Hollmann

1
Fang dei- ne Ar- beit mun- ter an,
2
so ist sie
auch schon halb ge- tan,
3
so ist sie auch schon halb ge- tan.

Friedrich Rückert

Hejo, hart am Winde

Zu 3 Stimmen — Rolf Lukowsky

1
Fah- ren wir zum Fan- ge.
2
Se- gel fest und
hart am Win- de!
3
He- jo, hart am Win- de!

Siegfried Bimberg

Islandfischer

Zu 4 Stimmen — Horst Irrgang

1
Wer will mit uns nach Is- land gehn, den
2
Ka- bel- jau zu fan- gen, zu fi- schen nach Ver-
lan- gen? Nach Is- land zu,
3
nach Is- land zu! Vor
4
drei- und- drei- ßig Fahr- ten hab'n wir kei- ne Ruh.

Worte nach einem flämischen Volkslied

Anker auf

Zu 4 Stimmen

Rolf Lukowsky

1
2
An- ker auf, Schot- ten dicht, fah- ren
3
4
heu-te noch hin- aus aufs wei- te Meer, ho ho- a!
Schlüsse: heut hin- aus. Meer.

Raimund Hoge

Faß mit an

Zu 3 Stimmen

Rolf Lukowsky

1
2
Faß mit an und ver-schie-be heu- te nichts auf
3
mor- gen, sonst hast du mor- gen Sor- gen!

Raimund Hoge

Anker hoch

Zu 2 Stimmen*

Horst Irrgang

1
2
An- ker hoch! Es geht auf gro- ße Fahrt.
Strei- cheln wol- len wir des Nep- tuns Bart.
Kommt Kla- bau- termann an un- sern Kahn her-an, dann
leh- ren wir ihn neu- e Mo- res!

* Dazu im Rhythmus zu klatschen: 𝄽 × 𝄽 × usw.

Zum Sehen geboren

(LIED DES TÜRMERS)

Zu 4 Stimmen

Siegfried Thiele

1
Zum Se- hen ge- bo- ren, zum Schau- en be-
stellt, dem Tur- me ge- schwo-ren, ge- fällt mir die
Welt. 2 Ich blick in die Fer- ne, ich seh in der
Näh den Mond und die Ster- ne, den Wald und das
Reh. 3 So seh ich in al- len die e- wi- ge
Zier, und wie mir's ge- fal- len, ge- fall ich auch
mir. 4 Ihr glück- li- chen Au- gen, was je ihr ge-
sehn, es sei wie es wol- le, es war doch so schön.

Johann Wolfgang von Goethe

Frisch getan

Zu 2 Stimmen

Karl Büse

1
Frisch ge- tan und nicht gesäumt! 2 Was im Weg liegt, weg- ge- räumt!

Übereilung tut nicht gut

Zu 3 Stimmen | Herbert Gadsch

1 2 3
Ü- ber- ei- lung tut nicht gut, Be-
dacht-sam- keit macht al- le Din- ge bes- -ser.

Friedrich Schiller

Beherrschung

Zu 4 Stimmen | Horst Irrgang

1 2 3
Die Herr- schaft ü- ber den Au- gen-
3 4 3
blick ist die Herr- schaft ü- ber das Le- ben.

Marie von Ebner-Eschenbach

Was lange währt

Zu 3 Stimmen (auch gemischten)* | Willi Maertens

1 2 3
Was lan- ge währt, was lan- ge währt, was
lan- ge währt, wird gut, das wird gut. Denn
je- der Kopf, denn je- der Kopf, denn je- der Kopf find't
end- lich, end- lich sei- nen Hut, sei- nen Hut.

Sprichwörtlich

* Bei gemischtstimmiger Ausführung Einsätze in der Reihenfolge: Alt – Sopran – Männerstimme(n)

Bleib dir selber treu

Zu 3, 4, 5 oder 6 Stimmen

Karl-Rudi Griesbach

1 2 3 4 5 6
Bleib dir sel- ber treu, dir sel- ber treu, dir treu!
Schluß: treu!

Alter Spruch

Zuspruch

Zu 3 Stimmen

Kurt Schwaen

1
Glau- be nicht al- les, was du hö- rest; sa- ge nicht
al- les, was du weißt; tu- e nicht al- les, was du
magst, tu- e nicht al- les, was du magst.
2
Mit viel
Zan- ken und Dis- pu- tie- ren tut man die Wahr- heit ver-
lie- ren, mit viel Zan- ken und Dis- pu- tie- ren
tut man die Wahrheit ver- lie- - ren.
3
Es ist bes- ser
zweimal fra- gen, als ein-mal ir- re- gehn, es ist
bes- ser zweimal fra- gen, als ein-mal ir- re- gehn.

Sprichwörter

Trost

Zu 3 Stimmen | Joseph Haydn

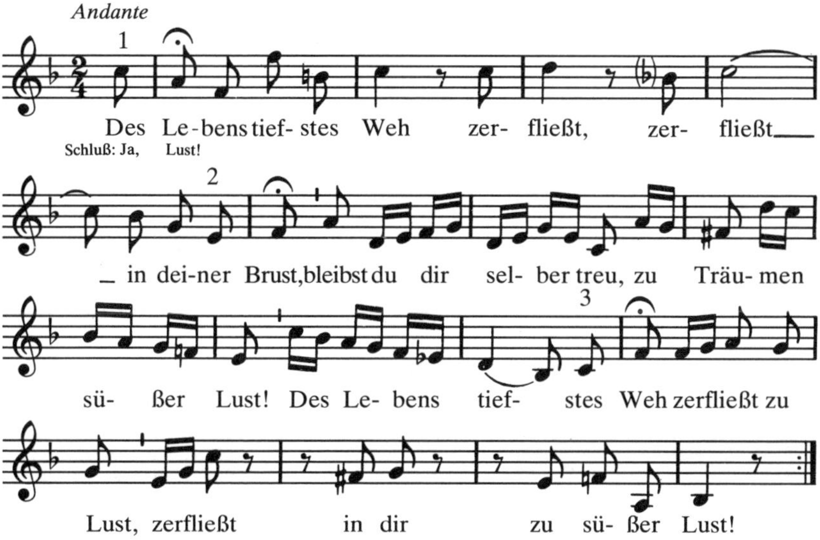
Andante
1
Des Le-bens tief- stes Weh zer- fließt, zer- fließt
Schluß: Ja, Lust!
2
in dei-ner Brust, bleibst du dir sel- ber treu, zu Träu- men
3
sü- ßer Lust! Des Le- bens tief- stes Weh zerfließt zu
Lust, zerfließt in dir zu sü- ßer Lust!

Worte unterlegt von Christian Schreiber

Immer aufwärts

Zu 3 Stimmen | Christian Lange

1
Soll das Le- ben im- mer auf-wärts gehn,
2
kann nur, wer im- mer auf-wärts geht, be- -stehn.
3
Im- mer auf- wärts gehn, das Ziel ist schon zu sehn!

Der Kanon wird zunächst wie üblich gesungen. Die letzten vier Takte (vor dem gemeinsamen Abschluß) sollen so ausgeführt werden, daß von jeder Gruppe die Textstelle „immer aufwärts" (markiert) eine dynamische Hervorhebung erfährt. So ist – textbezogen – eine durchgängige Tonleiterfolge über eine Duodezime herauszuhören, an die sich der volle Schlußklang anschließt.

Klugheit und Eitelkeit

Zu 6 Stimmen

Joseph Haydn

1 Be- denk, lie-ber Malcher mein, 2 wie oft doch die Brü-der
dein 3 Klug- heit und 4 Ei- tel-keit in 5 deinem Wort ge-
hört, in 6 dei-nem Wort ge- hört, das empört und das stört.

Nicht jeder, der ein bißchen meckert

Zu 3 Stimmen (auch gemischten)*

Willi Maertens

1 Nicht je- der, nicht je- der, nicht je- der, der ein
2 biß- chen meckert, muß ei- ne Zie- ge sein, 3 mäh;
mäh; auch wenn ein Bock, mäh-mäh, was kleckert, fängt er
oft laut an zu schrei'n: Mäh, mäh, mäh, mäh!

* Bei gemischtstimmiger Ausführung Einsätze in der Reihenfolge: Alt – Baß – Tenor – Sopran

Wenn dir's in Kopf und Herzen schwirrt

Zu 4 Stimmen

Christian Lange

1 Wenn dir's in Kopf und Her- zen schwirrt – 2

3
was willst du Beß- res ha- - ben? Wer nicht mehr liebt
4
und nicht mehr irrt, der las- se sich be- gra- - ben.

Johann Wolfgang von Goethe

Suchst du nach der Wahrheit

Zu 3 Stimmen

Christian Lange

1
2
Suchst du nach der Wahrheit, dann ja- ge kei- nen
3
Träu-men nach; komme mit und ma- che dei-ne Augen auf!

Zanken, Zanken und Disputieren

Zu 3 Stimmen

Kurt Schwaen

1
Zanken, Zanken und Dis- pu- tie- ren läßt die Wahr- heit
leicht ver- lie- ren, läßt die Wahr-heit leicht ver- lie- ren.
2
Zankt nicht, zankt nicht, zankt nicht um des Feu- ers Rauch!
3
Lalala, la la la, la la la, la la la, la la la, la la la, la la la, la!

Sprichwort

Gegen Trägheit

Zu 3 Stimmen — Herbert Gadsch

1
War- um ist der_ Wei- sen Zahl so klein?
2
Weil es so be- quem ist, weil es so be- quem ist,
3
weil es so be- quem ist, dumm zu sein.

Das Glück liegt nicht hinter Bergeshöhn

Zu 2, 3 oder 4 Stimmen — Christian Lange

1 (2) (3) 2
Das Glück liegt nicht hin- ter Ber- geshöhn, wir hal- ten es
(4) 3
selbst in der Hand. Das Leben wird so reich_ und so schön, wie
4
wir es ge- stal- ten in un- se- rem Land.
Schluß:
Ber- geshöhn.

Beate Moll

Wer allzeit bei dem Ofen sitzt

Zu 3 Stimmen — Manfred Hollmann

1
Wer all- zeit bei dem O- fen sitzt, die

2
Gril- len und die Hölz- lein spitzt und frem- de Lan- de
3
nicht be- schaut, der ist ein Aff' in sei- ner Haut, der
ist ein Aff', der ist ein Aff' in sei-ner Haut.

Volksmund

Wenn jemand eine Reise tut

(LIEDKANON)

Ludwig Matthies
nach der Weise von Carl Friedrich Zöllner

Zu 3 Stimmen

1
2
Wenn je- mand ei- ne Rei- se tut, dann
3
kann er was er- - zäh- len, er- zäh- - - - len.

Sprichwort

Willst du immer weiter schweifen

Zu 5 Stimmen

Joseph Haydn

Allegretto
1
2
Willst du im- mer wei- ter schweifen? Sieh, das Gu- te
3
4
liegt so nah! Ler- ne nur das Glück er- grei- fen,
5
denn das Glück ist im- mer da, im- mer, im- mer da.

Worte unterlegt von Christian Schreiber

Volkslieder-Tricinium

(QUODLIBET)

Horst Berner

Zu 3 Stimmen

nach drei Volksweisen

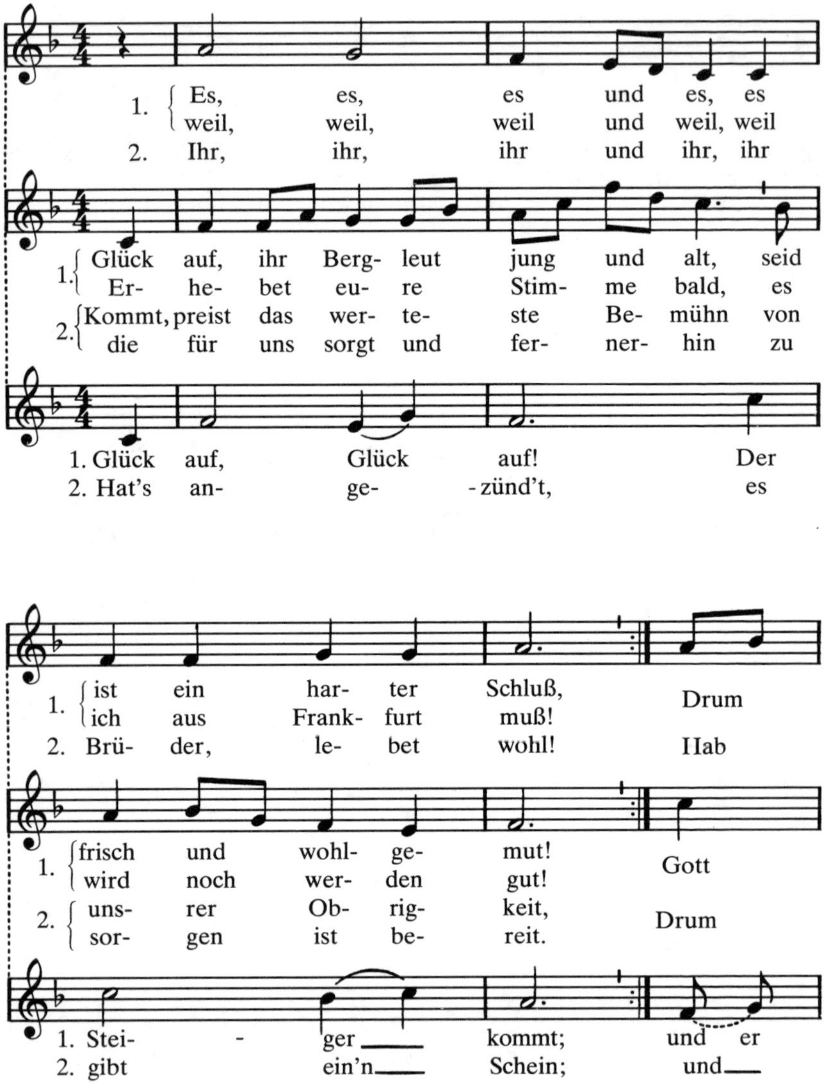
1. { Es, es, es und es, es
weil, weil, weil und weil, weil
2. Ihr, ihr, ihr und ihr, ihr
1. { Glück auf, ihr Berg- leut jung und alt, seid
Er- he- bet eu- re Stim- me bald, es
2. { Kommt, preist das wer- te- ste Be- mühn von
die für uns sorgt und fer- ner- hin zu
1. Glück auf, Glück auf! Der
2. Hat's an- ge- -zünd't, es
1. { ist ein har- ter Schluß,
ich aus Frank- furt muß!
Drum
2. Brü- der, le- bet wohl!
Hab
1. { frisch und wohl- ge- mut!
wird noch wer- den gut!
Gott
2. { uns- rer Ob- rig- keit,
sor- gen ist be- reit.
Drum
1. Stei- - ger kommt; und er
2. gibt ein'n Schein; und

1. schlag ich Frank- furt aus dem Sinn und wen- de
2. ich euch was zu Leid ge- tan, so bitt ich
1. hat uns einst die Gnad ge- geb'n, daß wir vom
2. tu ein je- der sei- nen Fleiß, und ko- stet
1. hat sein hel- les Licht bei der Nacht,
2. da- mit fah- ren wir bei der Nacht,
1. mich, Gott weiß wo- hin.
2. um Ver- zei- hung an.
Ich will mein Glück pro-
1. ed- len Berg- werk leb'n. Es ruf' mit uns der
2. es auch Müh und Schweiß, zu su- chen neu- e
1. und er hat sein hel- les Licht bei der Nacht wohl
2. und da- mit fah- ren wir bei der Nacht ins
bie- - ren, mar- schie- - ren.
1. gan- ze Hauf: Glück auf! Glück auf! Glück auf!
2. Er- ze auf: Glück auf! Glück auf! Glück auf!
1. an- - ge- zünd't, wohl an- ge- zünd't.
2. Berg- - werk ein, ins Berg-werk ein.

Das schlechteste Rad am Wagen

Zu 6 Stimmen

Günter Altmann

1 2 3 4 5 6
Das schlech-te-ste Rad am Wa- gen
macht den mei- sten Lärm, den mei- sten Lärm. Das
schlech- te- ste Rad am Wa- gen macht den mei- sten
Lärm, den mei- sten Lärm, macht den mei- sten Lärm.

Wenn mancher Mann wüßte

I Zu 2 Stimmen

Christine Rothe

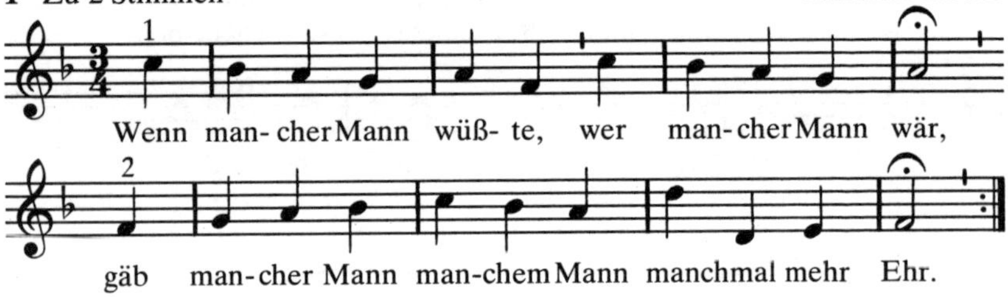
1 2
Wenn man- cher Mann wüß- te, wer man- cher Mann wär,
gäb man- cher Mann man-chem Mann manchmal mehr Ehr.

II Zu 4 Stimmen

Mündlich überliefert

1 2 3 4
Wenn mancher Mann wüß- te, wer man-cher Mann wär,
so gäb man-cher Mann manchem Mann manchmal mehr Ehr.

Alter Spruch

Essen und Trinken

Essen, Trinken, das erhält den Leib

Zu 3 Stimmen

Wolfgang Amadeus Mozart

1
Es- sen, Trin- ken, das er- hält den Leib, s'ist doch mein
(ten.)
lieb- ster Zeit- ver- treib, das Es- sen und Trin- ken.
Labt mich Speis und Trank nicht mehr, dann a- de! dann,
2
Welt, gu- te Nacht! So ein Brät-chen, ein Pa-
stet - chen, ach, wenn die mei-nem Gau- men winken, mei-nem
(ten.)
Gau-men win- ken, dann dann, dann ist mein Tag voll-
3
bracht, mein Tag — voll-bracht. Ach, und wenn im
lie- ben vol- len Gläs- chen Gram und Sor- gen nie- der-
(ten.)
sin- ken, dann al- ler Welt dann gu- te Nacht!

Original G-Dur

Worte unterlegt von Gottfried Christoph Härtel

Wo der perlende Wein

Zu 6 Stimmen

Wolfgang Amadeus Mozart

1 2 3
Wo der per- len-de Wein im Gla- se blinkt, da
Schlüsse: Wein. der Wein.
4 5 6
laßt uns wei- - - - len!
wei- len!

Original D-Dur

Worte unterlegt von Gottfried Christoph Härtel

Gewißheit

Zu 4 Stimmen

Karl Friedrich Zelter

1 2 3
Ob ich mor- gen le- ben_ wer- de, weiß ich_
4
frei- lich nicht. A- ber, wenn ich mor- gen
le- be, daß ich mor- gen trin- ken wer- de,_ weiß
ich, weiß ich, weiß ich, weiß ich ganz ge- wiß.

Gotthold Ephraim Lessing

Musica et vinum

Zu 2 Stimmen

Erasmus Sartorius

1 2
Mu- si-ca et vi- - num lae- ti- fi- cant cor ho-mi-num.

Übersetzung: Musik und Wein erfreuen der Menschen Herz.

Trinkkanon

Zu 4 Stimmen

Wolfgang Amadeus Mozart

1
Freun- de, las- set uns beim Ze- chen wak- ker ei- ne Lanze
bre- chen! Es leb der Wein, die Liebste mein! Drauf leer sein
2
Gläs- chen je- der aus! Mit euch ist gar nichts an-zu- fan- gen,
da sitzt ihr still wie Hopfen- stan- gen. Sie le- be hoch!
So schreiet doch! Sie le- be hoch! So schreiet doch, so schreiet
3
doch! Seid ihr wie Stock- fisch denn ge- wor- den stumm,
seid ihr wie Stock- fisch denn ge- wor- den stumm? So schreit,
so schreit, so schreit, ihr E- sel, doch, seid nicht so dumm!
4
Es leb die Lie- be und der Wein! Was könnt auf Er- den
Schönres sein? Vi-vat, vi-vat, vi- vat, sie le- be hoch!

Worte in neuerer Zeit unterlegt

Zum schönen Festtagsschmaus

Zu 6 Stimmen

Günter Altmann

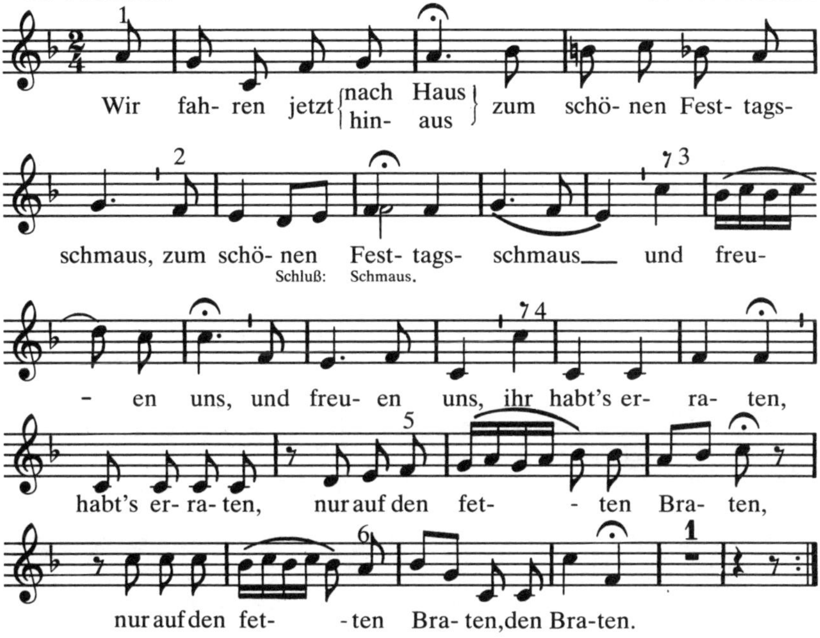
Wir fah- ren jetzt {nach Haus / hin- aus} zum schö- nen Fest- tags-
schmaus, zum schö- nen Fest- tags- schmaus und freu-
Schluß: Schmaus.
- en uns, und freu- en uns, ihr habt's er- ra- ten,
habt's er- ra- ten, nur auf den fet- - ten Bra- ten,
nur auf den fet- - ten Bra- ten, den Bra-ten.

Vor der Mahlzeit

Zu 4 Stimmen

Fritz Bachmann

Ob Klö- ße o- der Nu- deln: Wir sin- gen erst ein
Lied! Dann wün- schen wir uns zum Es- sen recht
gu- ten Ap- pe- tit!
Coda:
Gut Schmaus!

Steht der Teller auf dem Tisch

Zu 4 Stimmen

Rolf Lukowsky

1
2
3
4
Steht der Tel- ler auf dem Tisch, ist das
Es-sen heiß und frisch. Mit- tag ist nun end- lich da!

Lutz Steiner

Vivat, vivat, diesem Trunke

Zu 3 Stimmen

Antonio Salieri

1
2
3
Vi- vat, vi- vat die- sem Trun-ke, vi- vat, vi- vat
un- serm Glück! Bes- se- re Gefähr- ten sind nicht auf der
gan- zen wei-ten Welt. Vi- vat, vi- vat!
Vi- vat, vi- vat! Bes- se- re Ge-fähr-ten sind nicht
auf der gan- zen weiten Welt. Vi- vat!
Vi- vat! Nein, nein, nein, nein, auf der ganzen weiten Welt!

Überschrift eines Weinhauses

Zu 4 Stimmen

Joseph Haydn

1 2 3 4
Wein, Bad und Lie- - be soll dem Le- ben
schäd-lich sein, doch wird das Le- ben frisch durch
Lie- be, Bad und Wein, durch Lie- be, Bad und Wein.
Doch wird das Le- ben frisch durch Lie- be, Bad und
Wein, ja, Lie- be, ja, Lie- be, Bad und Wein, und Wein.

Original E-Dur

Worte aus dem Lateinischen von Martin Opitz

Zum Martinstag

Zu 3 Stimmen

Ungenannter Meister
im Kloster Lambach, 14. Jh.

1 2 3
Mar- tin, lie- ber Her- re, nun laß uns fröh-lich
sein, heut zu dei- nen Eh- ren und durch den Wil- len
dein, die Gäns' sollst du uns meh- ren und den küh- len
Wein, ge- sotten und ge- bra- ten, sie müssen all her- ein.

Mittelalterlicher Trinkspruch

Kohldampf

Zu 2, 3 oder 4 Stimmen* Mündlich überliefert

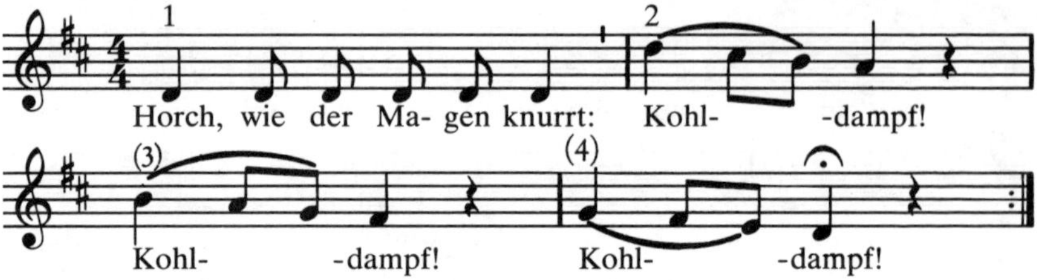
1
Horch, wie der Ma- gen knurrt: Kohl- -dampf!
2
(3) Kohl- -dampf! (4) Kohl- -dampf!

* Es empfiehlt sich, den Kanon zunächst mehrmals zweistimmig zu wiederholen und dann – dem wachsenden Hunger entsprechend – zu drei und schließlich zu vier Stimmen überzugehen.

Zum Schlachtfest

Zu 3 Stimmen Siegfried Stolte

1
*Schwein, du bist tot und liegst / lagst auf dem Tisch,
2
Schwein, du bist tot, jetzt es- sen / a- ßen wir dich. Ja,
3
Schwein, du bist tot, Und wir sin- gen noch- mal:

Hanna Stolte

* Vor oder nach dem Essen zu singen; der Tiername kann nach Bedarf geändert werden: Ochs, Gans u. a.

Dank den Helfern

Zu 2 Stimmen Paul Donath

1
2
Vor/Nach dem gu- ten Mit- tag- es- sen wolln wir
an die Hel- fer, die bei- zei- ten je- de
nicht den Dank ver- ges- -sen
Mahl-zeit uns be- rei- - 2. - -ten.
1.
2. be- rei- -ten

Johanna Kraeger

Kraut und Rüben

Zu 2 Stimmen
mit einem einstimmigen Ostinato ad lib.

Johann Sebastian Bach
nach der Volksweise

1
Kraut und Rü- ben ha- ben mich ver- trie- ben;
2
hätt mein Mutter Fleisch ge- kocht, so wär ich län- ger blie- ben.
Ostinato:
E. R.
Kraut und Rü- ben, Kraut und Rü- ben!

Original G-Dur, aus Variatio XXX (Quodlibet) der Goldberg-Variationen für Cembalo

Vor dem Essen

Zu 3 Stimmen

Mündlich überliefert

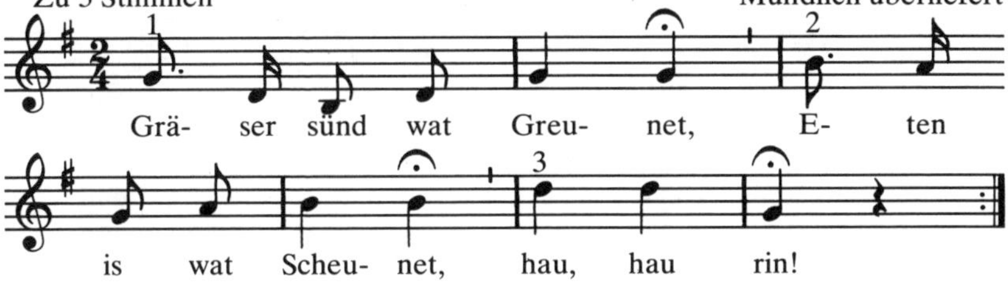
1
Grä- ser sünd wat Greu- net,
2
E- ten is wat Scheu- net,
3
hau, hau rin!

Brennsuppe

Zu 2 Stimmen

Mündlich überliefert

1
Mei Muat- ta kocht a Brenn- sup- pn,
2
wiar- a Brenn-sup-pn halt is, muaß an gua- te Magn ha- ben, der die Brenn- sup- pn der- frißt.

Soll's ein schöner Urlaub sein

(LIED MIT KANON)

Zu 2 Stimmen

Siegfried Bimberg

VORSÄNGER
1. Seid ge- grüßt, ihr lie- ben Gä- ste, seid ge- grüßt in un- serm Heim! Sollt euch füh- len auf das Be- ste, soll's ein schö- ner Ur- laub sein!
2. Lie- ge- stuhl auf der Ter- ras- se lädt uns jetzt zum Faul- sein ein, und beim Skat-spiel vie- le As- se — soll's ein schö- ner Ur- laub sein!
3. Kü- chen- chef mit wei- ßer Schür- ze sorgt für uns tag- aus, tag- ein, gibt dem Ur- laub richt- ge Wür- ze — soll's ein schö- ner Ur- laub sein!
4. Schmeckt das Es- sen und das Bier, schmeckt uns auch ein gu- ter Wein, we- nig rau- chen und viel schla- fen — soll's ein schö- ner Ur- laub sein!
5. Fel- der, Wald- und Wie- sen- we- ge la- den uns zum Wan- dern ein. Fri- sche Luft und Son- nen- schein, — soll's ein schö- ner Ur- laub sein!
Erfindet weitere Strophen!
ALLE*
1
Gu- ten A- bend, Son- nen- tag! Heu- te ist (war's) ein schö- ner Tag! Wird es mor- gen auch so schön, wol- len wir spa- zie- ren** gehn.
1.
2
2.

Gabriele Sander

* Dieser Teil kann im Kanon gesungen werden. Dabei wiederholt die 1. Stimme vom Doppelstrich ab und schließt bei der 1. Fermate, die 2. Stimme singt den Teil einmal durch bis zur 2. Fermate.

** Nach Belieben auch: zum Baden, zum Rodeln u. ä.

Haus- und Tischspruch

Zu 3 Stimmen

Egon Rubisch

1
Freu- de den Kom- men-den, Frie- de den
Blei- ben- den, Se- gen den Schei- den- den!
2
Freu- de, ja Freu- - de und Frie- de, ja
3
Frie- - - de und Se- gen, * ja Se- gen,
ja Se- gen den Schei- den- - den!
Dazu Ostinato ad lib. (Abschied der Gäste):
(8)
Habt Dank, habt Dank für Pfle- ge, Speis' und Trank!

* Zitat „Waldeslust . . .“

Nun sind wir satt

Zu 4 und mehr (bis 6) Stimmen

Siegfried Stolte

1
2
3
Nun sind wir satt; habt Dank, habt Dank, ihr
4
(5)
(6)
Lie- ben! O wie nett wä- re
jetzt ein Bett! Satt, – matt, – nett, – Bett!

Hanna Stolte

T – e – e

Zu 2, 3 oder 4 Stimmen

Mündlich überliefert

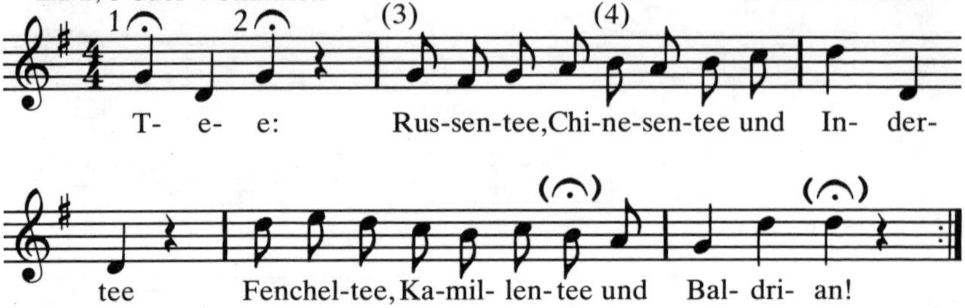
1 2 (3) (4)
T- e- e: Rus-sen-tee, Chi-ne-sen-tee und In- der-
tee Fenchel-tee, Ka-mil- len- tee und Bal- dri- an!

C – A – F – F – E – E

Zu 3 Stimmen

Karl Gottlieb Hering

1
C- A- F- F- E- E, trink nicht so viel Caf- fee,
2
nicht für Kin- der ist der Tür- ken- trank,
schwächt die Ner- ven, macht dich blaß und krank,
3
sei doch kein Mu- sel- mann, der ihn nicht las- sen kann!

Weißkohl und Sauerkraut

Zu 4 Stimmen

Siegfried Bimberg

1 2 3 4
Wer im Som-mer Weißkohl baut, hat im Win-ter Sau-er- kraut.

Kellner, zahlen

Zu 4 Stimmen | Eusebius Mandyczewski

1
Kell- ner, zah- len! Kell- ner, zah- len! Wir
2
ha- ben ei- ne Sup- pe, ei- nen Bra- ten, ein Ge-
3
mü- se, ei- nen Kuchen, ein Glas Bier, ei- nen Kä- se und ein
4
Brot. Das macht drei Kro- nen fünf- und- vier- zig.

Wetterfest

Zu 2 Stimmen | Werner Hübschmann

Sehr rasch und rhythmisch
1
Un- ter den Men- schen und Bors- dor- fer
Schluß: die mit den War- zen die wet- - ter-
2
Äp- feln sind nicht die glat- ten die be- sten,
fe- sten.
son- dern die rau- hen mit ei- ni- gen War- zen,
sie sind die wet- ter- fe- sten.

Worte nach Jean Paul ergänzt von E. R.

Lautenspiel und Becherklang

Zu 3 Stimmen (Männer)

Frisch Robert Schumann

Laßt Lau- ten- spiel und Be- cherklang nicht ra- sten, so-
lang es Zeit ist zu der Ju- gend Fe- sten! Ist
nach und nach stärker
Fa sching aus, so fol- gen dann die Fa- sten, ist
Fa- sching aus, so fol- gen dann die Fa- sten, ist
Fa- sching aus, so fol- gen dann die Fa- sten, ist
Fa- sching aus, so fol- gen dann die Fa- sten.
Coda
Laßt Lau- ten- spiel und Be- cherklang nicht ra- sten! Ist
Laßt Lau- ten- spiel und Be- cherklang nicht ra- sten! Ist

sf
Fa-sching aus, so fol-gen dann die Fa- sten.
sf
Fa-sching aus, so fol-gen dann die Fa- sten.
sf

Friedrich Rückert

Wein, Weib und Gesang

Zu 4 Stimmen

Mündlich überliefert

1
2
Wer nicht liebt Wein, Weib und Ge-
3
4
sang, der bleibt ein Narr sein Le- ben lang.

Worte Martin Luther zugeschrieben

Fischgräten

Zu 4 Stimmen

Mündlich überliefert

1
2
Hätt ich das ge- wußt, daß Fisch- grä- ten
3
4
dies tä- ten, dies tä- ten, daß sie al- le
ste- chen tä- ten, die ver- dammten Fi- sche-grä- ten!

Pokapala na salaši / Alle sagen: Martin hat den Speck genommen

(KANONLIED)

Zu 2 Stimmen | Slowakische Volksweise

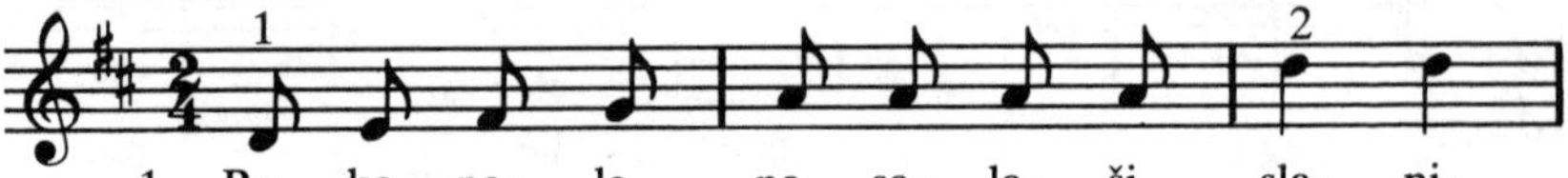

1. Po- ka- pa- la na sa- la- ši sla- ni-
2. A Mar- tin sa bo- hu ot- cu pri- sa-
3. Od- re- zal si zo sla- ni- ny len kúš-
4. A tak náš- ho ne- vin- né- ho Mar- ti-

1. Al- le sa- gen: Mar- tin hat den Speck ge-
2. Tau- send Ei- de hat der Mar- tin auf- ge-
3. Ab- ge- schnit- ten hat er nur ein klei- nes
4. Und nun sitzt der Mar- tin mit dem Stück- chen

1. na, sla- ni- na, po- ve- da- li
2. hal, pri- sa- hal, že on a- ni
3. tek, len kúš- tek, až mu o- stal
4. na, Mar- ti- na, za- tvo- ri- li

1. nom- men, Speck ge- nom- men. Wo- hin auf der
2. führt, auf- ge- führt: daß den Speck er
3. Stück, klei- nes Stück. Lei- der blieb vom
4. Speck, Stück- chen Speck in dem Hüh- ner-

1. na na- še- ho Mar- ti- na, po- ve-
2. na sla- ni- nu ne- sia- hal, že on
3. na ham- bal- ku mo- túž- tek, až mu
4. v de- di- ne do ku- rí- na, za- tvo-

1. Sen- ne ist der Speck ge- kom- men, wo- hin
2. gar nicht ha- be an- ge- rührt, daß den
3. Speck nur noch die Schnur zu- rück, lei- der
4. stall und rührt sich nicht vom Fleck, in dem

(𝄐)
1. da- li na na- sě- ho Mar- ti- na.
2. a- ni na sla- ni- nu ne- sia- hal.
3. o- stal na ham- bal- ku mo- túž- tek.
4. ri- li v de- di- ne do ku- rí- na.
1. auf der Sen- ne ist der Speck ge- kom- men?
2. Speck er gar nicht ha- be an- ge- rührt.
3. blieb vom Speck nur noch die Schnur zu- rück.
4. Hüh- ner- stall und rührt sich nicht vom Fleck.

Slowakisches Volkslied – Deutsche Nachdichtung von Gabriele Sander

Heigh ho, nobody home / Heho, keiner zu Haus

Zu 4 Stimmen

Englische Volksweise

1
2
Heigh ho, no- bod-y home! Meat nor drink nor
He- ho, kei- ner zu Haus! Es- sen, Trin- ken,
3
money have I none. Yet shall I be mer- -(-ry!) -ry!
Geld auch ist nicht mein, und doch werd ich glück-lich sein!

Worte aus dem Englischen übertragen von E. R.

Bei leerem Beutel zu singen

Zu 3 Stimmen

Dieter Nowka

Allegretto
1
2
Trän- ke nur Was- ser mein dur- sti- ger Mund,
Schluß: Tränk ich nur Was- ser!
3
wär auch mein Beutel- chen völ- lig und rund.

Worte aus dem Sorbischen

Abgesang

Zu 4 Stimmen

Horst Irrgang

1
2
Sankt Mar- tin tät gut Wein gern sau- fen, gut
3
Wein gern sau- fen und läßt das Was- ser zur
4
Müh-le lau- fen, zur Müh- le lau- fen. Sau- fen!

Französisches Sprichwort aus dem 16. Jh.
bei Romain Rolland, Meister Breugnon

Sauf aus

Zu 3 Stimmen

Hans Peetzow

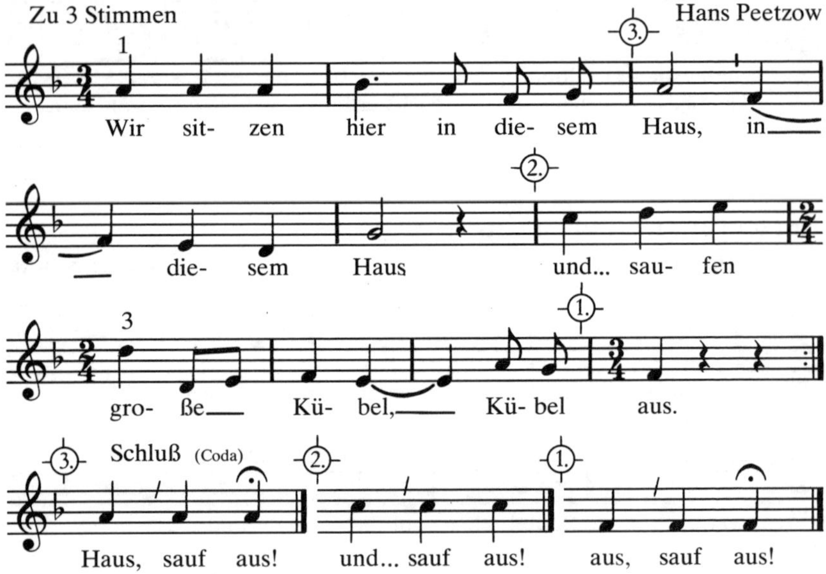
1
3.
Wir sit- zen hier in die- sem Haus, in
2.
die- sem Haus und... sau- fen
3
1.
gro- ße Kü- bel, Kü- bel aus.
3.
Schluß (Coda)
2.
1.
Haus, sauf aus! und... sauf aus! aus, sauf aus!

Spielen und Lernen

Aller Anfang ist schwer

Zu 3 Stimmen | Mündlich überliefert

1
2
3
Al- ler An- fang ist schwer. Doch wenn der
An- fang nicht wär', wo käm' das En- de dann her?

Sehet die Männer

Zu 2 Stimmen | Mündlich überliefert

1
1. Se- het die Män- ner, sie ram- men im Takt:
2. Ha- ben uns viel neu- e Stra- ßen ge- baut.
3. Ha- ben uns viel neu- e Brük- ken ge- baut.
2
1.–3. Rum- ta- ta, rum- ta- ta, rum- ta- ta- ta!

2. und 3. Strophe von Raimund Hoge

Im Gehen und Laufen

Zu 2 Stimmen | Mündlich überliefert

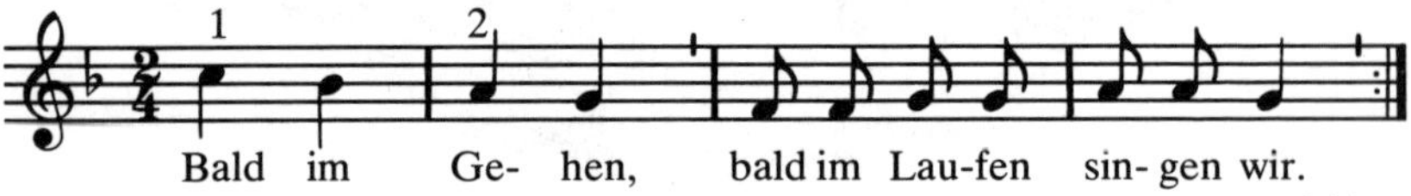
1
2
Bald im Ge- hen, bald im Lau-fen sin- gen wir.

Spielvers

Esel fressen Nesseln nicht

Zu 3 Stimmen | Mündlich überliefert

1
2
3
E- sel fres- sen Nes- seln nicht, Nes- seln fres- sen
E- sel nicht, i- - a, i- - a!

Schnickschnack, Dudelsack

Zu 4 Stimmen

Fritz Bachmann

1
2
3
4
Schnick-schnack, Dudel-sack, al- le wol-len tan- zen.
Än- ne, Gre-te, Hans und Franz, al- le wol-len tan- zen.

Volksmund

Es regnet, wenn es regnen will

Zu 5 Stimmen

Karl Friedrich Zelter

1
2
3
4
5
Es reg- net, wenn es reg- nen will, und
reg- net sei- nen Lauf, und wenn's ge- nug ge-
reg-net hat, so hört es wie- der auf.

Volksmund

Neprš, neprš déšt' / Regen, falle nicht

(LIEDKANON / KANONLIED)

Zu 2 Stimmen

Mährische Volksweise

1
2
Ne- prš, ne-prš déšt', po- ve- ze- me réž,
Re- gen, fal- le nicht, fahrn wir ein Ge- trei- de,
na ko- lá- čky, na do- le- čky, to- bě dá- me téz.
kriegst auch Plinsen dafür ab, so mach uns doch die Freude!

Worte aus dem Tschechischen übertragen von E. R.

Alle meine Entchen

(KANONLIED)

Zu 2 Stimmen

Deutsche Volksweise

1
2
1. Al- le mei- ne Ent- chen schwim- men auf dem See,
2. Al- le mei- ne Täub- chen gur- ren auf dem Dach,
3. Al- le mei- ne Hüh- ner schar- ren in dem Stroh,
4. Al- le mei- ne Gäns- chen wat- scheln durch den Grund,

1. Köpf-chen in das Was- ser, Schwänzchen in die Höh.
2. fliegt eins in die Lüf- te, flie- gen al- le nach.
3. fin- den sie ein Körn- chen, sind sie al- le froh.
4. su- chen in dem Tüm- pel, wer- den ku- gel- rund.

Kinderlied

Mein Wagen hat vier Räder

(KANONLIED)

Zu 2 Stimmen

Hermann Schütt

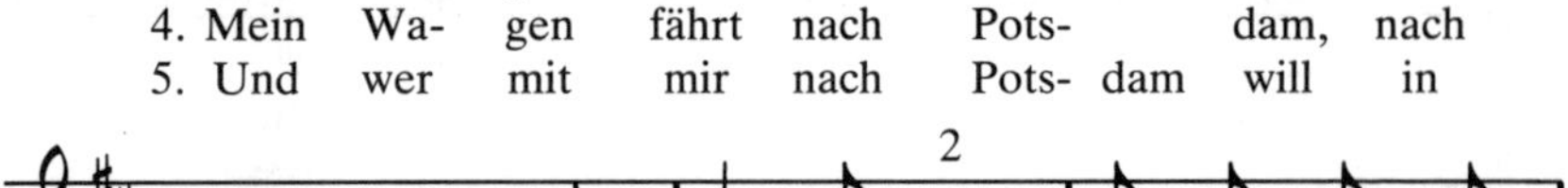
1
1. Mein Wa- gen hat vier Rä- der, vier
2. Mein Wa- gen hat 'ne Deich- sel, 'ne
3. Mein Wa- gen hat ein Pferd- chen, ein
4. Mein Wa- gen fährt nach Pots- dam, nach
5. Und wer mit mir nach Pots- dam will in

2
1. Rä- der hat mein Wa- gen.
2. Deich- sel hat mein Wa- gen.
3. Pferd-chen hat mein Wa- gen.
4. Pots- dam fährt mein Wa- gen.
5. mei- nem neu- en Wa- gen,
1.–4. Rol- le, rol- le,
5. rol- le, rol- le,

rum- mer- jan, das wollt ich euch bloß sa- gen.
rum- mer- jan, der braucht es bloß zu sa- gen.

Paula Dehmel

Eisenbahn von nah und fern – Mein Wagen hat vier Räder

(KINDERLIEDER - QUODLIBET)

Zu 2 Stimmen

Hubert Arlt
nach zwei Kinderliedern

Ei- sen- bahn von nah und fern
Mein Wa- gen hat vier Rä- der, vier
ha- ben al- le Kin- der gern. Nimm mich mit,
Rä- der hat mein Wa- gen. Rol- le, rol- le,
nimm mich mit, nimm mich mit!
rum- mer- jan, das wollt ich euch bloß sa- gen.

Eisenbahn fährt an

Zu 4 Stimmen — Wolfgang Horlbeck

1
Ei- sen- bahn fährt an und
2
zeigt uns, was sie lei- sten kann:
Schnell berg-auf und schnell bergab,
3
daß ich mei- ne Freu-de hab',
und am höch- sten Bahn- hof
4
hält sie an.

Hühnerchen-Entchen-Quodlibet

Zu 2 Stimmen — Horst Berner
nach zwei Kinderliedern

1. Ei, ei, ei, ihr Hüh- ner- chen, was habt ihr denn ge-
1. Al- le mei- ne
tan. Fort seit ei- ner Stun-de schon ist eu- er
Ent- chen schwimmen auf dem See, Köpf- chen
lie- ber Hahn. Fort seit ei- ner Stun- de schon ist
in das Was- ser, Schwänzchen in die Höh'.

eu- er lie- ber Hahn. 4. Wie freu- ten sich die
2. Al- le mei- ne Ent- chen, En- te- rich zu-
Hüh- ner- chen, als sie ihn wie- der- sahn, wie
gleich, wat- sche, wit- sche, wat- sche,
hüpf- ten sie und spran- gen sie um ih- ren lie- ben
schwimmen auf dem Teich. 1. Al- le mei- ne
Hahn, wie hüpf- ten sie und spran-gen sie um
Ent- chen schwimmen auf dem See,
(Coda)
ih- ren lie- ben Hahn. Ei, ei, ei, ihr Hühner-chen!
Köpf- chen in das Was- ser, Schwänzchen in die Höh'.

Ich war mal auf dem Dorfe

(KANONLIED)

Zu 2 Stimmen

Fritz Bachmann

1 2
1. Ich war mal auf dem Dor- fe, da gab es viel zu sehn. Da konn- ten hun- dert Kü- he in ei- nem Stal- le stehn.
2. Und kräf- ti- ge Trak- to- ren, die mach- ten viel Ge- brumm. Die pflüg- ten ei- nen Ak- ker im schnel- len Tem- po um.

Annemarie Köhler

Tanz, tanz, Gretelein – Schwarze Pferde – Die Vögel wollten Hochzeit halten

(KINDERLIEDER-QUODLIBET)

Zu 3 Stimmen

Horst Berner

nach drei Kinderliedern

Tanz, tanz, Gre- te- lein, du hast so schö- ne
Schwarze Pfer- de, brau-ne Pfer- de zie- hen im Ge-
Schuh! Tanz, tanz, Gre- te-lein,du hast so schö-ne
spann, ziehn den Pflug durch dunk-le Er- de und die Eg- ge

Schuh! Heb die Füß-chen nur ge- schwinde, daß dein
dann. Drauf beginnt das Sä- en, spä- ter
Die Vö- gel woll- ten Hoch- zeit hal- ten in dem
Röck-lein flieg im Win- de! Tanz, tanz,
folgt das Mä- hen. Schwarze Pfer- de,
grü- nen Wal- de. Fi- de- ral- la- la, fi- de-
Gre- te- lein, ich pfeif dir eins da- zu!
brau- ne Pfer- de stren- gen sich sehr an.
ral- la- la, fi- de- ral- la- la- la- la!

Tschechisches Kinderlied – Deutsche Nachdichtung von Annina Hartung

Petersil und Suppenkraut

Zu 4 Stimmen

Fritz Bachmann

1 2 3 4
Pe- ter- sil und Suppen-kraut wachsen in dem Gar- ten.
Wer wird wohl die nächste Braut? Die andern müssen war- ten.

Volksmund

Hummel und Biene

(KANONLIED)

Zu 2 Stimmen

Annina Hartung

1 2
1. „Ich bin die Frau Hum-mel und bitt'dich, Ka- thrinchen, komm
2. „Ich geh nicht mit Bummeln zum Guk-ken und Gaf- fen; grad
3. Ich samm- le für al- le, die Ho- nig gern schlek-ken, und
1. mit mir zum Bum- mel, du flei- ßi- ges Bien-chen."
2. will ich mich tum- meln zum Sam- meln und Schaf- fen.
3. stech nur, im Fal- le, sie schla- gen und nek- ken."
1. 2.
1.–3. Summ, summserum, summ, summ, summ, summ, summ, summ! summ!

Uhren-Kanon

Zu 3 Stimmen

Karl Karow

1
Gro- ße Uh- ren ge- hen tick- tack, tick- tack,

2
klei- ne Uh- ren ge- hen tick- tack, tick- tack;
3
tick- tack, tick- tack, und die klei- nen Ta- schen-uh- ren
tik- ke, tak- ke, tik- ke, tak- ke, tik- ke, tak- ke, knacks!

Laufen, Schreiten, Schleichen

Zu 3 Stimmen

Ilse Marquardt

1
Lauf, lauf, lauf, denn die- se No- ten sind nun
2
mal die schnel- len Läu- fer; doch jetzt mußt du
3
schön im Schritt gehn. Nun heißt's schlei- chen!

Jetzt wolln wir lustig sein

(KANONLIED)

Zu 2 Stimmen

Mündlich überliefert

1
2
1. Jetzt wolln wir, jetzt wolln wir, hop- sas- sas- sa,
2. Klatscht in die Hän- de, im Kreis wolln wir gehn,
1. lu- stig sein, fröh- lich sein, tral- la- la- la!
2. spie- len und tan- zen, ja so ist es schön.

Worte (1. Str.) überliefert bzw. (2. Str.) von Christian Lange

Knusper, knusper, knäuschen

Zu 4 Stimmen
mit einem einstimmigen Ostinato ad lib.

Mündlich überliefert

1
2
Knus- per, knus- per, knäus- chen, wer knus-pert an mei- nem
3
4
Häus- chen? Der Wind, der Wind, das himm- li- sche Kind!
Ostinato zuvor und dazu:
Knus- per, knus- per, knus- per, knus- per!

Pustewind

Zu 3 Stimmen

Manfred Hollmann

1
Bla- se nur, Herr Pu- -ste- mei- er, da- für geb ich
2
kei- -nen Drei- er! Meinst du, so was könnt mich rüh-ren?
Gra- de geh ich nun spa- zie- ren, und ich pfeif auf
3
dei- ne Wut! Hui! da pfeift er, wui! da greift er,
Donner- wet-ter! Halt ihn, Vet-ter! Himmel, hilf! Mein neu-er Hut!

Adolf Holst

Ratschlag für Fußgänger

(VERKEHRSERZIEHUNG)

Zu 4 Stimmen

Egon Rubisch

1
2
Bei Grün, da hat es kei- ne Not, da
3
kannst du gehn, doch nicht bei Rot. Da blei- be stehn;
4
wart' mit Be-dacht, bis Grün den Weg dir frei ge- macht!

Die Sonne geht auf

(LIEDKANON / KANONLIED)

Zu 3 Stimmen

Siegfried Bimberg

1
2
1. Die Son- ne geht auf, und der Tag be- ginnt.
2. Uns-re Fah- ne, die weht hoch im Mor- gen- wind.
Al- le
3
aufgepaßt, frisch mit an-gefaßt! Hal- lo! Kommt her!

Johanna Neumann

Der Sputnik kreist

Zu 4 Stimmen

Herbert Zimpel

1
2
Der Sput- nik kreist um die Er- de, der Sput-nik kreist um die
Schlüsse: Son- ne.
3
4
Er- de. Piep, piep! Piep, piep! Piep, piep! So klingt sein Lied!
Son- ne, Piep, piep!

Raimund Hoge

Sputnik fliegt im Weltenall

Zu 5 Stimmen

Ludwig Matthies

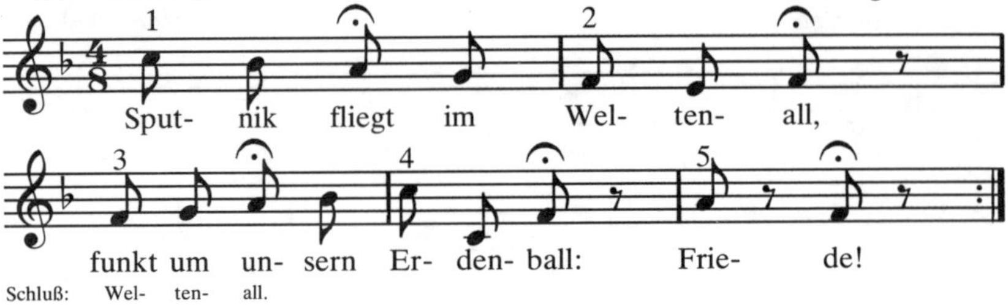
Sput- nik fliegt im Wel- ten- all,
funkt um un- sern Er- den- ball: Frie- de!
Schluß: Wel- ten- all.

Pioniergruß

Zu 4 Stimmen

Hanns Eisler

Seid be- reit, seid be- reit! Im- mer be- reit, be- reit!
Schluß: Be- reit!

Losung

„Canon für die Schweriner Pioniere“ (9. September 1951)

Für das Glück der Republik

Zu 2 bis 12 Stimmen

Hans Naumilkat

Wir fei- ern und sin- gen! Es geht ein Lied von
Mund zu Mund, heut geht das Lied der Freu- de rund, denn zum
Fei- ern ist ein Grund. Ein Fest- tag ist heu- te: Ein
Tag voll Ju- bel und Mu- sik! Wir Kin- der uns- rer Re- pu-
blik bauen mit an un- serm Glück. Singt mit, stimmt ein: Wer

11
12
schaf- fen will, muß fröh- lich sein! Mit Fleiß und Mut werden
(so lange singen, bis alle Stimmen unisono)
al- le Ta- ten gut ge- ra- ten für uns-re Re-pu- blik.

Erika Engel

Thälmanns Namen

Zu 2, 3 oder 4 Stimmen* Christian Lange

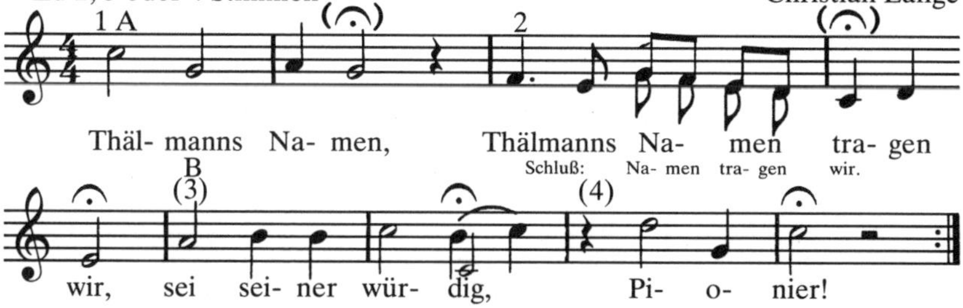
1 A
2
Thäl- manns Na- men, Thälmanns Na- men tra- gen
Schluß: Na- men tra- gen wir.
B
(3)
(4)
wir, sei sei- ner wür- dig, Pi- o- nier!

* Einsätze möglich bei 1, 2
bzw. A, B oder 1, 2, 3, 4

Auftrag des Zentralrates
an die Thälmann-Pioniere

Sing mit, Pionier

Zu 2 Stimmen Christian Lange

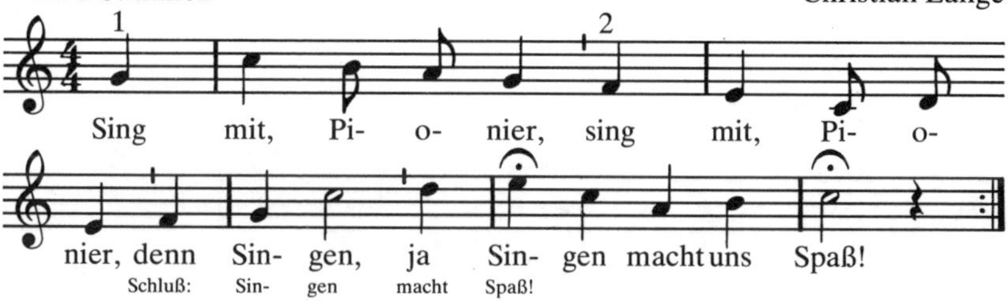
1
2
Sing mit, Pi- o- nier, sing mit, Pi- o-
nier, denn Sin- gen, ja Sin- gen macht uns Spaß!
Schluß: Sin- gen macht Spaß!

Heute lernen

Zu 4 Stimmen Horst Irrgang

1
2
3
4
Heu-te ler-nen, morgen schaffen, ü- ber-morgen Meister sein!

Hanna Helling

Lernen, lernen

Zu 3 Stimmen

Horst Irrgang

1
2
3
Ler- nen, ler- nen, nochmals ler- nen! Ler- nen, ler- nen,
nochmals ler- nen! Ler- nen, ler- nen, nochmals ler- nen!

Losung nach Wladimir Iljitsch Lenin

Fangt eure Arbeit fröhlich an

Zu 4 Stimmen

Christian Lange

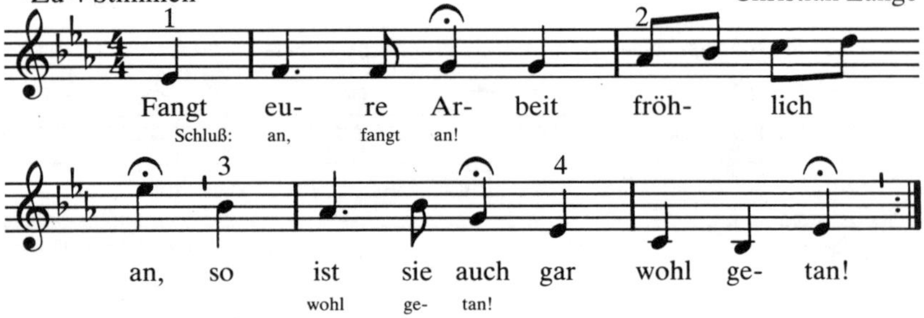
1
2
Fangt eu- re Ar- beit fröh- lich
Schluß: an, fangt an!
3
4
an, so ist sie auch gar wohl ge- tan!
wohl ge- tan!

Laßt die Arbeit froh beginnen

(ZUM SCHULJAHRESBEGINN)

Zu 3 Stimmen

Walter Möhl

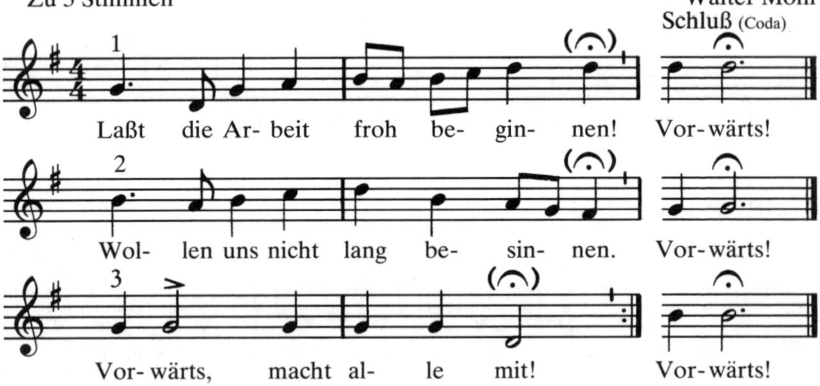
Schluß (Coda)
1
Laßt die Ar- beit froh be- gin- nen! Vor- wärts!
2
Wol- len uns nicht lang be- sin- nen. Vor- wärts!
3
Vor- wärts, macht al- le mit! Vor- wärts!

Schön'n guten Tag

Zu 3 Stimmen

Christian Lange

Lebhaft

1 2 3
Schön'n gu- ten Tag, ihr lie- ben Freunde zu- sam- men,
macht al- le mit, daß die Ar- beit gut ge- lingt!

Zögern bringt uns nicht voran

Zu 3 Stimmen

Christian Lange

1
Zö- gern bringt uns nicht vor- an.
2
Dar- um packen al- le fröh- lich an.
3
Ste- he auch du dei- nen Mann!

Steh mit beiden Beinen auf der Erde

Zu 3 Stimmen

Horst Irrgang

1
Steh mit bei- den Bei- nen auf der Er- de,
2
a- -ber sieh auch, daß aus dir ein Fal- ke wer- de,
3
daß aus dir ein Fal- ke wer- de!

Einladung

Zu 3 Stimmen

Christian Lange

1
2
Wir la- den euch ganz herz- lich ein,— bei un- serm
Pi- o- nier-fest* Gast zu sein, bei uns Gast zu sein.
Schluß: Fe- ste Gast zu sein.

* Bezeichnung nach Belieben

Nun seid uns willkommen

Zu 4 Stimmen

Willi Maertens

1
2
Nun seid uns will- kom- men hier— in un- serm Krei- se,
3
4
singt mit uns ein neu- es Lied nach al- ter Wei- se!

Zum Kinderfest

(KANONLIED)

Zu 2 Stimmen

Heinz-Hermann Gerhard

1
2
1. Und nun kommt das Al- ler- be- ste: Heu- te
2. Ü- ber- all in bun- ten Men- gen die Pa-
3. Hoch dann ü- ber al- len Zwei- gen die Ra-
1. geht's zum Kin- der- fe- ste mit Mu- sik und
2. pier- la- ter- nen hän- gen, und wir spie- len
3. ke- ten zi- schend stei- gen a- bends in der
1. neu- em Kleid. Ach, ich wollt', es wär so weit!
2. im- mer- zu Rol- ler- ren- nen, Blin- de- kuh.
3. Dun- kel- heit. Ach, ich wollt', es wär so weit!

Adolf Holst

Laßt euch grüßen, Pioniere

Zu 2, 3 oder 4 Stimmen

Christian Lange

1 2 3 4
Laßt euch grü- ßen, Pi- o- nie- re, die ihr
heut mit uns ver- sam- melt seid! Für den Frie- den
und die Freund-schaft al- ler Kin- der seid be- reit!

Sportfest

Zu 3 Stimmen

Sigurd Klaua

1 2 3
Hört den Fan- fa- renklang! Er tönt wie Festge-sang. Auf dem
Sportplatz re- ges Le- ben, je- der will das Be- ste ge- ben.

Wir haben einen Chor

(LIEDKANON / KANONLIED)

Zu 2 Stimmen

Hans Naumilkat

1 2
1. Wir ha- ben ei- nen Chor, da sin- gen vie- le
2. Der Chor klingt wun- der- schön, wir sin- gen laut und
3. Wir ge- ben ein Kon- zert, da sin- gen al- le
1. Kin- der, sin- gen vie- le Kin- der flei- ßig mit.
2. lei- se, sin- gen laut und lei- se un- ser Lied.
3. Leu- te, sin- gen al- le Leu- te kräf- tig mit.

Ilse und Hans Naumilkat

Wehen blaue Fahnen

Zu 3 Stimmen — Horst Irrgang

We- hen blau- e Fah- nen son- nen-hell im
Som-mer-wind, son-nen-hell im Som- mer- wind.

Hellen Ton bläst die Fanfare

Zu 4 Stimmen — Horst Irrgang

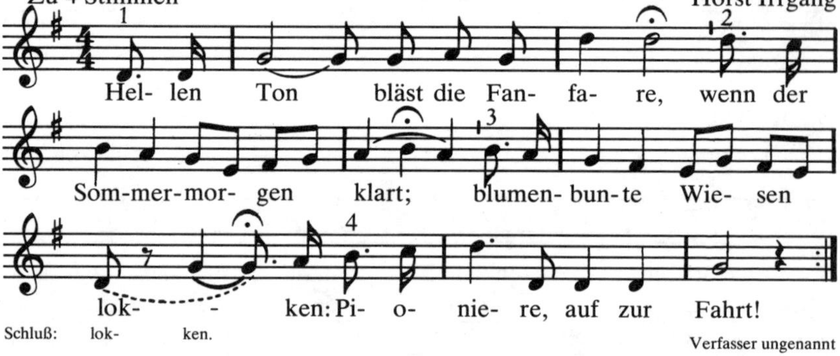
Hel- len Ton bläst die Fan- fa- re, wenn der
Som-mer-mor- gen klart; blumen- bun-te Wie- sen
lok- - ken: Pi- o- nie- re, auf zur Fahrt!
Schluß: lok- ken.

Verfasser ungenannt

Ein Ferientag im Kanon

(ACHT KANONS)

I AM MORGEN

Zu 2 Stimmen — Siegfried Stolte

Wacht auf! Wacht auf! Der Tag beginnt mit Son- nen-schein, da
wollen wir nicht mü- de sein. Wacht auf, wacht auf, wacht auf!

II GEGEN SCHLAFMÜTZEN

Zu 3 Stimmen

In die- sem Haus* wohnt ein Geist, der

2
je- den, der zu lan- - ge schläft, ge-
3
wal- tig in die Na- na- na- na- na- na-, Na- se beißt.
die A- a- a- a- a- a-, Ar- me beißt.
** den Hi- hi- hi- hi- hi- hi-, Hin-tern beißt.

* Nach Belieben weitere Bezeichnungen einzusetzen, z. B.: Schloß, Zelt, Berg u. a., auch bei ** entsprechend

III BEI SPORT UND SPIEL

Zu 4 Stimmen

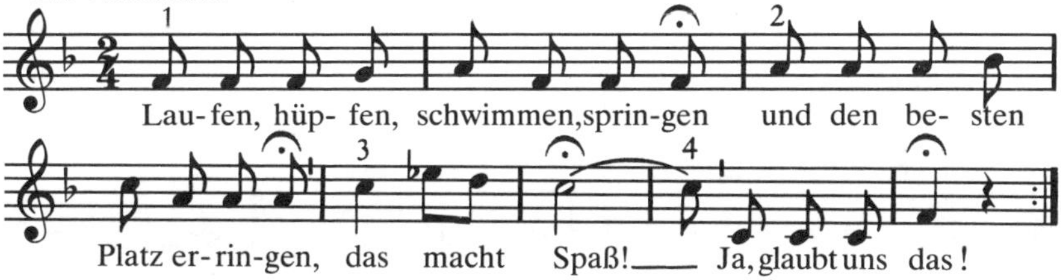
1
Lau- fen, hüp- fen, schwimmen, sprin-gen und den be- sten
2
Platz er- rin-gen, das macht Spaß! Ja, glaubt uns das!
3
4

IV VOR DEM ESSEN

Zu 3 Stimmen

1
Was für Ge- rü- che sind in der Kü- che; ob Fleisch o- der
2
Ei, das ist uns ei- ner-lei. Wir ha- ben gro- ßen Hun- ger.
3

V NACH DEM ESSEN

Zu 3 Stimmen

1
Die Tel- ler sind nun leer, ganz leer. Wir
2
kön- nen nichts mehr es- sen. Der Kü- che sei ge- dankt!
3

VI IM URLAUB

Zu 3 Stimmen

1
Ka- ka- ka- ka- ka- ka- Kaf- fee, Ku- chen,
2
Pi- pi- pi- pi- pi- pi- Pil- ze su- chen, und
3
wan- dern und auch ba-den gehn, wie sind die Fe- rien schön!

VII ZUR NACHT

Zu 3 Stimmen

f 1
2
3.
Wer gern singt und wer gern lacht,
p
schläft ge-ruh-sam, schläft ge- ruh-sam in der Nacht.

VIII ZUM ABSCHIED

Zu 4 Stimmen

1
2
Es war schön, es war schön, nun
3
4
sa- gen wir den Ber- gen* „Auf Wie- der- sehn!“

Worte (Kanon I – VIII) von Hanna Stolte

* Nach Belieben weitere Bezeichnungen einzusetzen, z. B.: euch allen, dem Wasser, der Küche u. a.

Freude und Allotria

Freude

Zu 3 Stimmen
mit einem Ostinato im zweistimmigen Kanon

Horst Irrgang

1 2 3
Freu- -de, Freu- de treibt die Rä- der, treibt die
Schluß: Freu- de!
Rä- der in der gro- ßen Wel- ten- uhr.

Ostinato zu 2 Stimmen:

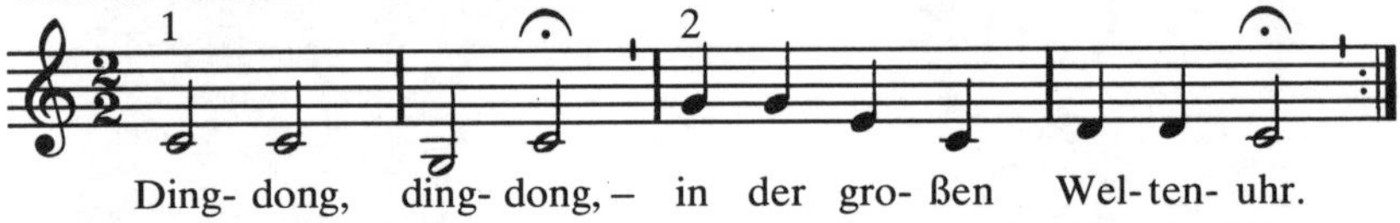
1 2
Ding- dong, ding- dong, – in der gro- ßen Wel-ten- uhr.

Friedrich Schiller

Wer schaffen will

Zu 3 Stimmen

Günther Diezel

1 2 3
Wer schaf-fen will, muß fröh- lich sein! Drum wol- len
wir, ob groß, ob klein, ein Lied-lein da- bei sin- gen.

Laßt uns jauchzen

Zu 4 Stimmen

August Mühling

1 2 3 4
Laßt uns jauch- zen, laßt uns sin- gen, in der
Ju- gend- zeit uns freun! Laßt uns spie- len,
laßt uns sprin-gen, a- ber nim-mer trau- rig sein!

Laßt froh uns sein

Zu 6 Stimmen

Wolfgang Amadeus Mozart

1
2
Laßt froh uns sein! Laßt_ uns froh_ sein!
3
4
Mur- ren ist ver- ge- bens, Knurren, Brummen ist ver-
ge- bens, macht uns nicht von Sor- gen frei. Knur-ren,
5
Brummen ist ver- ge- -bens, Knurren, Brummen ist ver-
6
ge- -bens, ver- ge- bens, ja, Knurren, Brummen ist ver-
ge- -bens, Knurren, Brummen ist ver- ge- bens.

Original B-Dur

Worte unterlegt von Gottfried Christoph Härtel

Freu dich des Lebens

Zu 2 Stimmen

Ludwig van Beethoven

Mäßig schnell

1
2
Freu dich des Le- bens, freu ___ dich, freu
___ dich des Le- bens, des Le- bens, des Le- bens!

Johann Martin Usteri

Stimmt alle mit uns ein

Christian Lange

Zu 3 Stimmen mit einer rhythmischen Begleitstimme (Schenkelschlag links, Schenkelschlag rechts, Klatschen beidhändig, Fingerschnalzen) ad lib. von Anette Hirschfeld

1 2 3
Stimmt al- le mit uns ein! Je- der soll fröh- lich sein,
Fgschn.
Kl. bh.
Schl. r.
Schl. l.
und es klingt im Chor un- ser Lied em- por:
Tral- la- la- la- la- la, tral- la- la- la- la- la,
Tral- la- la- la- la, tral- la- la- la- la!
Gibt's auch trü- be Ta- ge oh- ne Son- nen- schein,
dann wird oh- ne Fra- ge uns ein Lied er- freun:

Lachkanon

Zu 4 Stimmen

Siegfried Stolte

Schnell
Wir, wir wollen, wir wol-len la- chen, wollen la- chen,
la- (ha ha ha ha) la- (ha ha ha ha) la- (ha ha ha ha)
la- (ha ha ____)-chen und nicht trau- rig sein, und nicht
trau- rig sein. Wir wol-len la- chen, wir wol-len la- chen!

Jidijumba

Zu 3 Stimmen

Helmut Böhmer

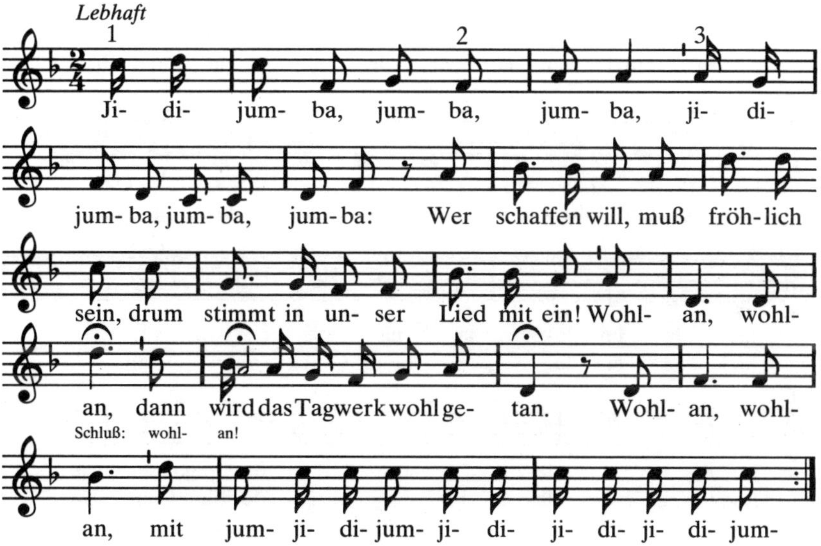
Lebhaft
Ji- di- jum- ba, jum- ba, jum- ba, ji- di-
jum- ba, jum- ba, jum- ba: Wer schaffen will, muß fröh- lich
sein, drum stimmt in un- ser Lied mit ein! Wohl- an, wohl-
an, dann wird das Tagwerk wohl ge- tan. Wohl- an, wohl-
Schluß: wohl- an!
an, mit jum- ji- di- jum- ji- di- ji- di- ji- di- jum-

Hahaha, hahaha

Zu 3 Stimmen

Luigi Cherubini

1 2 3
Ha- ha- ha! Ha- ha- ha! Ha- ha- ha! Ca- ri a-
Ha- ha- ha! Ha- ha- ha! Ha- ha- ha! Lie- be
mi- ci, siam fe- li- ci in ve- ri- tà; fe- steg-
Freun-de, wer ist glück-li- cher als wir! Bac- chus
giando Bacco e a-mo-re, il pia- cer con noi sa- cra.
fei- ern uns-re Lie-der, und Gott A- mor ist auch hier.

Worte aus dem Italienischen unterlegt nach Julius Stockhausen von E. R.

Sù cantemo / Auf nun, singen wir

Zu 3 Stimmen

Antonio Caldara

1 2 3
Sù can- te- mo, la- la- la, co- si
Auf nun, sin- gen wir, la- la- la, so bleibt
l'o- re ne pas- se- rà. La- la- la, la- la- la-
Freu- de und Glück uns nah. La- la- la, la- la- la-
la, la- la- la- la, ne pas- se- rà.
la, la- la- la- la, bleibt Glück uns nah.
La- la- la, la- la- la, l'o- re ne pas- se- rà.
La- la- la, la- la- la, Freu- de bleibt uns nah.

Worte nach dem Italienischen unterlegt von E. R.

Three blind mice – Bruder Jakob

(KANON-QUODLIBET)

Zu 4 (bis 6) Stimmen

Mündlich überliefert

1
2
Three blind mice, three blind mice! See how they run,
(1)
(2)
Bru- der Ja- kob, Bru- der Ja- kob, schläfst du noch?
3
see how they run! They all run af- ter the farmer's wife, who
(3)
schläfst du noch? Hörst du nicht die Glok- ken,
cut off their tails with a carv- ing knife: Did e- ver you
hörst du nicht die Glok- ken: Ding-
see such a sight in your life as three blind mice!
ding- dong, ding- ding- dong!

Übersetzung: Drei blinde Mäuse! Sieh, wie sie rennen! Alle rennen sie hinter der Bauersfrau her, die ihre Schwänze mit einem Tranchiermesser abtrennte: Habt ihr jemals einen solchen Anblick in eurem Leben gesehn wie drei blinde Mäuse! – „Bruder Jakob“ siehe auch Seite 67.

Lebensrezept

(SCHERZKANON)

Zu 4 Stimmen

Fritz Bachmann

1
Wer des Mor- gens drei- mal schmunzelt,
2
mit- tags
nie die Stir- ne run- zelt,
3
a- bends singt, daß
al- les schallt,
4
der wird hun- dert Jah- re alt.

Worte überliefert

Laß die Leute reden

Zu 3 Stimmen

Siegfried Stolte

1
Laß die Leu- te re- -den,
2
denn sie re- den ü- ber
je- - den, denn sie
3
re- den ü- ber je- den.

Wenn einer, der mit Mühe kaum

Zu 5 Stimmen

Siegfried Stolte

Bedächtig

1
Wenn ei- ner, der mit Mü- he kaum
2
ge-
kro- chen ist auf ei- nen Baum,
3
schon meint, daß
er ein
4
Vo- gel wär', so irrt
5
sich der.

Wilhelm Busch

Signor Abbate

Zu 3 Stimmen

Ludwig van Beethoven

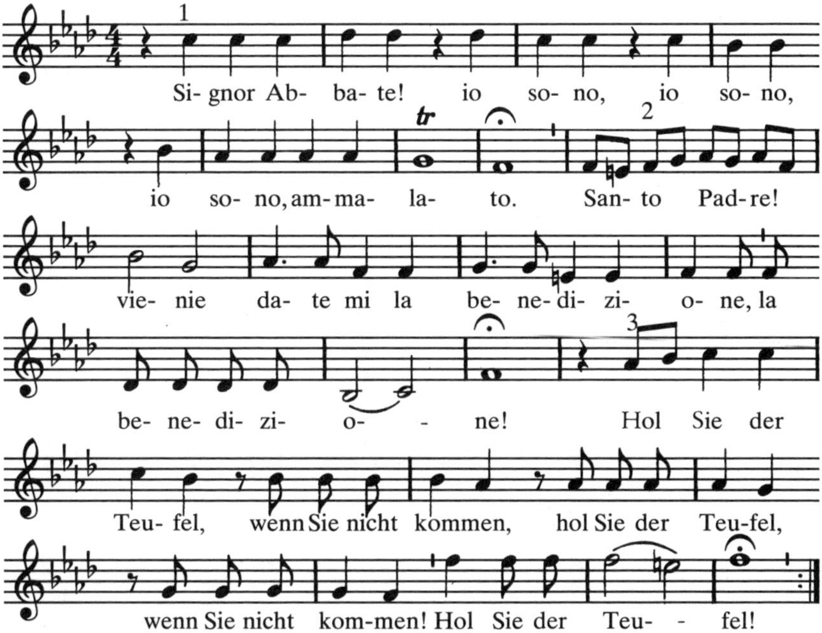
1
Si- gnor Ab- ba- te! io so- no, io so- no,
2
io so- no, am- ma- la- to. San- to Pad- re!
vie- nie da- te mi la be- ne- di- zi- o- ne, la
3
be- ne- di- zi- o- - ne! Hol Sie der
Teu- fel, wenn Sie nicht kommen, hol Sie der Teu-fel,
wenn Sie nicht kom-men! Hol Sie der Teu- - fel!

Original g-Moll

Übersetzung: Herr Abt! Ich bin erkrankt. Heiliger Vater! Kommt und gebt mir den Segen!

Das Mühlenrad

(SCHERZKANON)

Zu 2 Stimmen

Werner Hübschmann

1
In ei- nem küh- len Grun- de, da steht ein
2
Müh- len- rad: Wie groß ist des- sen Um- fang, wenn
man den Ra- di-, den Ra- di-, den Ra- di- us hat?

Schluß: Ra- di- us hat?

Worte unter Schülern

Hamdia dui

Zu 2 Stimmen

Mündlich überliefert

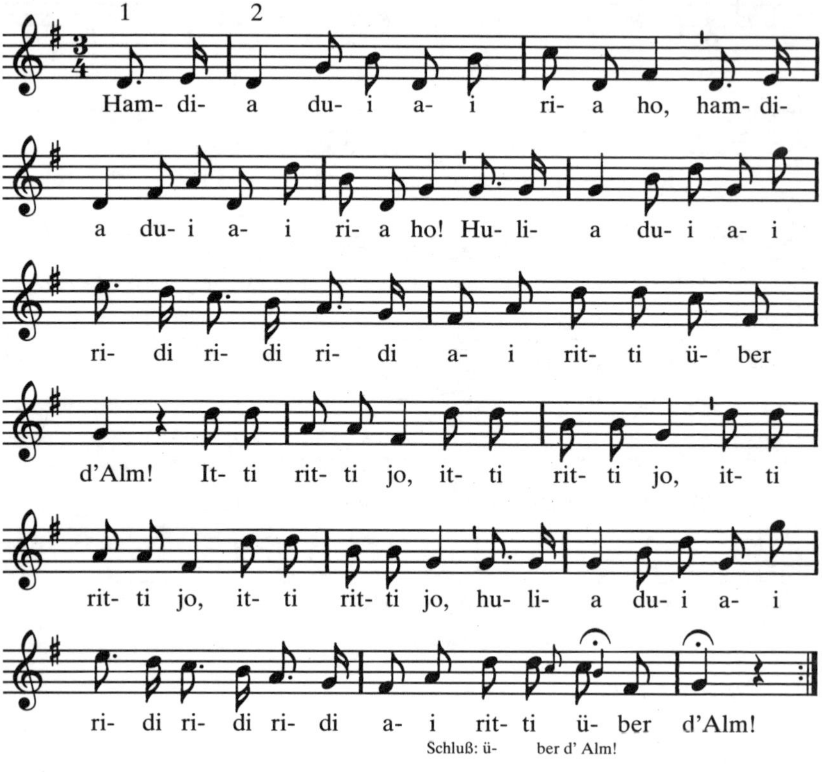
1
2
Ham- di- a du- i a- i ri- a ho, ham- di-
a du- i a- i ri- a ho! Hu- li- a du- i a- i
ri- di ri- di ri- di a- i rit- ti ü- ber
d'Alm! It- ti rit- ti jo, it- ti rit- ti jo, it- ti
rit- ti jo, it- ti rit- ti jo, hu- li- a du- i a- i
ri- di ri- di ri- di a- i rit- ti ü- ber d'Alm!
Schluß: ü- ber d' Alm!

Wann mei Mutterli balket

Zu 2 Stimmen

Mündlich überliefert

1
Wann mei Mutterli bal- ket, so bin i müs-li still, so
2
sitz i in e Win-ke- le und den-ke, was i will.

Briefliche Anfrage

Zu 4 Stimmen

Wolfgang Amadeus Mozart

1
Lie- ber Frei-städt-ler, lie- ber Gau- li- mau- li,
lie- ber Sta- chel-schwein, wo gehn Sie hin, wo gehn Sie
2
hin, wo gehn Sie hin? Et- wa zum Fin- ta o- der zum Scul-
tet- ti? Ha, wo- hin, wo- hin? Zum Scul-tet- ti, zum
3
Fin- ta, zum Fin- ta, zum Scul- tet- ti? Ei, zu kein'm von
bei- den, ei, zu kein'm von beiden, nein, son-dern zum Kit-
4
scha geht der Herr von Li-lien- feld, und nicht der Frei-städtler,
nein, auch nicht der Gau- li- mau- li, we- der der
Sta-chelschwein, sondern der Herr von Li- lien- feld.

Original G-Dur

Als ich einmal reiste

(KANONLIED)

Zu 2 Stimmen* | Deutsche Volksweise

1. Als ich einmal reiste in das
2. Zwei Jahr bin ich's geblieben, zog ich um-
3. Als ich wiedrum kommen in unser
4. „Ach Sohne, liebster Sohne, dein Aussehn
5. „Ach Mutter, liebste Mutter, was fragt ihr
6. In Reußen und in Preußen, wohl bei den
7. Die Mutter ging zur Küchen, sie kocht mir

1. Sachsen-Weimarland, da war ich der
2. her von Land zu Land, und was ich da ge-
3. altes Dorf hinein, da schaute meine
4. g'fällt mir gar nit wohl, dein Höslein sind ver-
5. nach der Lumperei? An Höslein, Rock und
6. schönen Mägdelein, da gingen sie auf
7. Nudel und Sauerkraut, stopft Rock und Höslein,

1. Reichste, das ist der Welt bekannt.
2. trieben, das ist der Welt bekannt.
3. Mutter aus ihrem Fensterlein.
4. loren, die Strümpf,das Kamisol." 1.–7. Rummel, dummel,
5. Futter spart ihr die Flikkerei.
6. Reisen bei Bier und kühlem Wein."
7. daß ich bin herrlich anzuschaun.

raudidera, rummel, dummel, raudiderum,
(dummel, dum!)

Volkslied

* Die 1. Stimme singt bis ⊕ und wiederholt dann nochmals ab ⊕(1.)

Tanz rüber, tanz nüber

(KANONLIED)

Zu 2 Stimmen

Deutsche Volksweise

1 2
1. „Tanz rü- ber, tanz nü- ber, tanz nauf und tanz
2. „Und wenn du so stolz mit deim Schätz- la willst
no! Ei, leih mir dei Schätz- la, dös mei is nit
sei, so nemm a Pa- pier- la un wik- kel's e-
do!“ „I leih dir sche nit, i geb dir sche
nei! Un nemm a rots Ban- del und strick se fest
2. 1.
nit, kaa so a Schma- rut- zer, den brauch i jo nit.“
Schluß: dich brauch i jo nit.“
zu, nachert kimmt dirsch ka so a Schma- rut- zer der- zu.“
Schluß: kimmt kaa- ner der- zu.“

Volkslied

Fröhlich angefangen

Zu 3 Stimmen

Siegfried Stolte

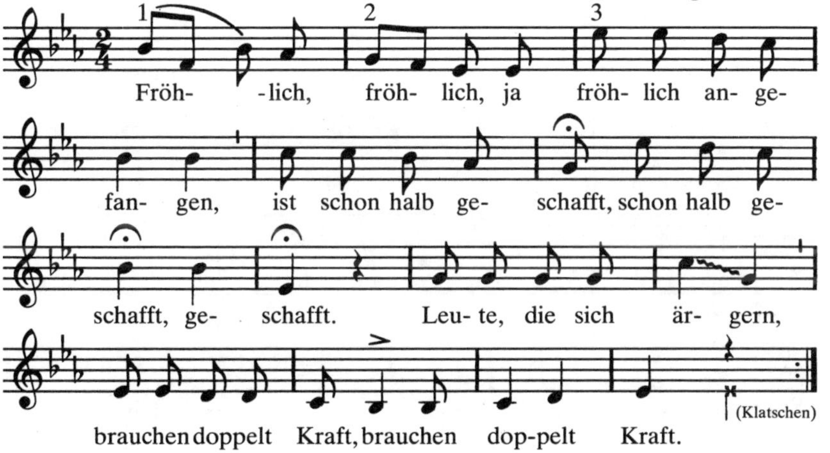
1 2 3
Fröh- -lich, fröh- lich, ja fröh- lich an- ge-
fan- gen, ist schon halb ge- schafft, schon halb ge-
schafft, ge- schafft. Leu- te, die sich är- gern,
brauchen doppelt Kraft, brauchen dop-pelt Kraft.
(Klatschen)

Getanzt, gelacht, gesungen

(BOOGIE-KANON)

Zu 4 Stimmen

Siegfried Stolte

In Leip- zig* wird ge- tanzt, ge- lacht, in
Leip- zig wird ge- sun- gen. Es fei- ern
al- le mit, mit den Al- ten fei- ern die Jun- gen.

* Ortsname nach Belieben; auch möglich: Am Sonntag . . ., Heut abend . . .

Unser Hans hat Hosen an

(KANONLIED)

Zu 2 Stimmen

Deutsche Volksweise

Un- ser Hans hat Ho- sen an und die sind ihm zu klein.
Horcht, wie der Wind weht, horcht, wie der Hahn kräht!
Drau- ßen auf der Hol- der- staudn sitzt ein schö- ner
Fink, Fink, Fink, drau- ßen auf der Hol- der- staudn
Schluß 1. STIMME
sitzt ein schö- ner Fink.
Schluß 2. STIMME
sitzt ein Fink.

Volkslied

Who comes laughing / Wer kommt lachend

Zu 3 Stimmen

Englische Volksweise

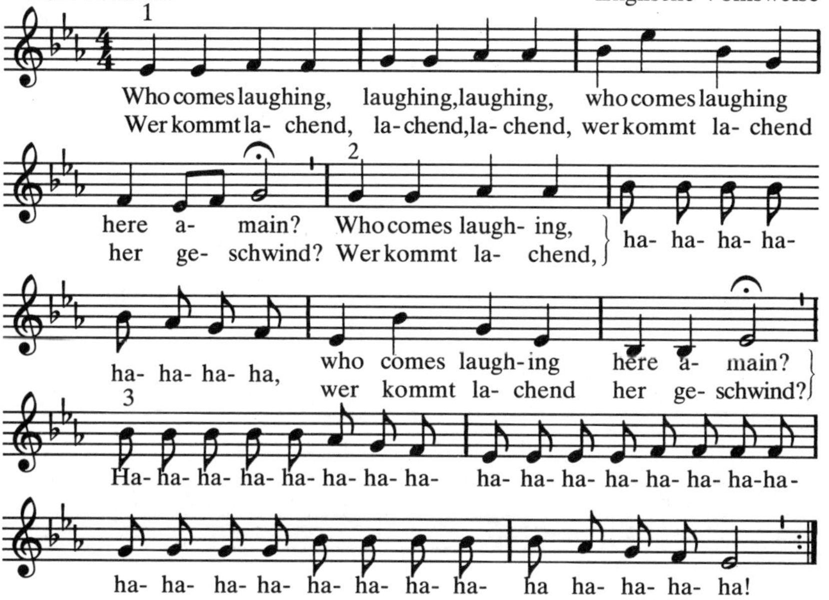
1
Who comes laughing, laughing, laughing, who comes laughing
Wer kommt la- chend, la- chend, la- chend, wer kommt la- chend
here a- main? Who comes laugh- ing,
her ge- schwind? Wer kommt la- chend,
2
ha- ha- ha- ha-
ha- ha- ha- ha,
who comes laugh-ing here a- main?
wer kommt la- chend her ge- schwind?
3
Ha- ha- ha- ha- ha- ha- ha- ha- ha- ha- ha- ha- ha- ha- ha-ha-
ha- ha- ha- ha- ha- ha- ha- ha- ha ha- ha- ha- ha!

Worte aus dem Englischen übertragen von E. R.

London's burning / In London brennt es

Zu 3 Stimmen

Englische Volksweise

1
Lon-don's burn- ing, Lon-don's burn- ing,
2
fetch the
In Lon-don brennt es, in Lon-don brennt es! Holt den
3
en- gines, fetch the en- gines! Fire, fire! Fire,
Lösch- zug, holt den Lösch- zug! Feu-er, Feu- er, Feu-er,
4
fire! Pour on wa- ter, pour on wa- ter!
Feu- er! Schleu- dert Was- ser, schleu- dert Was- ser!

Worte aus dem Englischen übertragen von E. R.

Die Henne

Zu 4 Stimmen

Theodor Hlouschek

mit einem Ostinato für Schlagwerk ad lib.

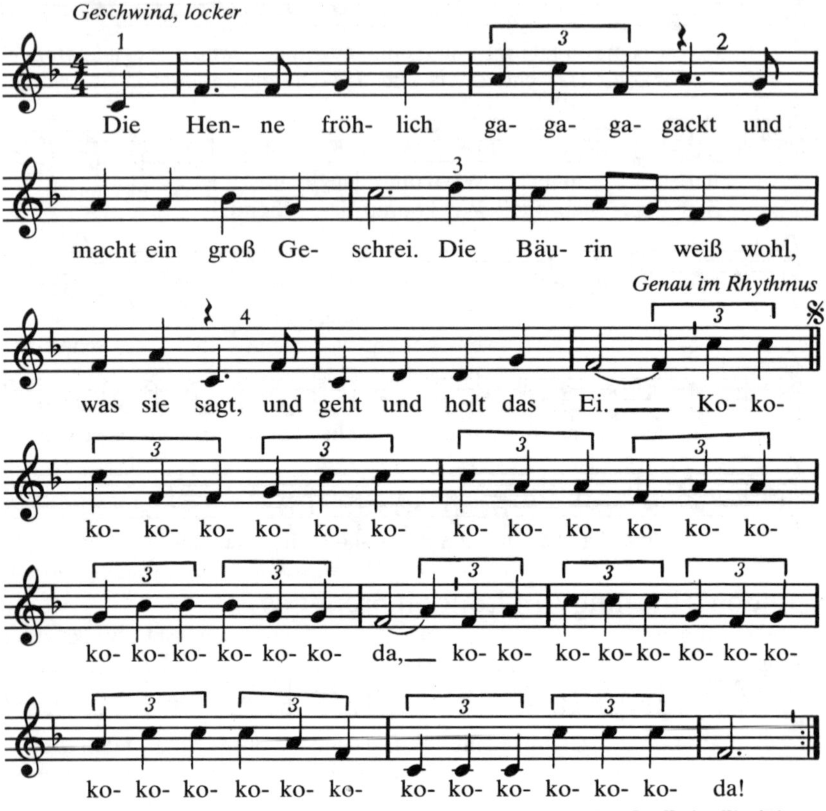
Geschwind, locker
Die Hen- ne fröh- lich ga- ga- ga- gackt und
macht ein groß Ge- schrei. Die Bäu- rin weiß wohl,
Genau im Rhythmus
was sie sagt, und geht und holt das Ei. Ko- ko-
ko- ko- ko- ko- ko- ko- ko- ko- ko- ko- ko- ko-
ko- ko- ko- ko- ko- ko- da, ko- ko- ko- ko- ko- ko- ko- ko-
ko- ko- ko- ko- ko- ko- ko- ko- ko- ko- ko- ko- da!

Aus „Des Knaben Wunderhorn“

Ab 𝄋 Ostinato für Schlagwerk:

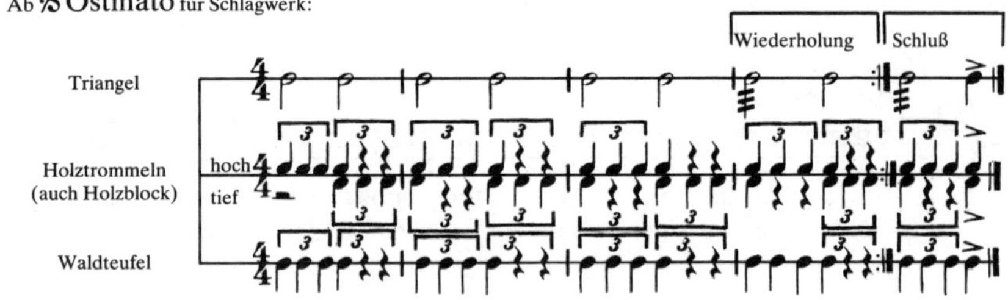
Wiederholung
Schluß
Triangel
Holztrommeln
(auch Holzblock)
hoch
tief
Waldteufel

Drei Gäns im Haberstroh

Zu 4 Stimmen

Mündlich überliefert

1
Drei Gäns im Ha- ber- stroh sa- ßen da und
2
wa- ren froh, kommt der Baur ge- gan- gen mit 'ner lan- gen
3
Stan- gen, er ruft: Wer do, wer do, wer do?
4
Drei Gäns im Ha- ber- stroh.

Ochsen-Kanon

Zu 3 Stimmen

Horst Berner

1
Es kön- nen die Och- sen viel- leicht gut
(A) Mit fröh- li- chem Sin- gen die Zeit zu ver-
(B) Am Mor- gen zu sin- gen, kann Freu- de nur
2
bo- xen, doch ein schö- nes Ge- dicht, das kön- nen sie
brin- gen, bringt uns al- len Ge- winn, und die Zeit geht da-
brin- gen, Das macht mun- ter und fit, dar- um singt fröh-lich
3
nicht. Nein! Nein! Das kön- nen sie nicht.
Kurt May
hin. Ja! Ja, und die Zeit geht da- hin.
mit! Ja! Ja! Dar- um singt fröh- lich mit!
Horst Berner

* Nach Belieben auch auf die Texte (A) und (B) zu singen

Sweetly sings the donkey / Lieblich singt der Esel

Zu 3 Stimmen — Englische Volksweise

1
Sweet-ly sings the don- key at the break of day.
Lieb- lich singt der E- sel beim er- sten Son- nen- schein.
2
If he won't sing loud- er, he will get no hay. — Hee-
Er be-käm kein Heu mehr, würd er lau- ter schrein. — I-
3
haw, hee- haw, hee- haw, hee- haw, hee- haw!
a, i- a, i- a, i- a, i- a!

Worte aus dem Englischen übertragen von E. R.

Frosch-Kanon

Zu 3 (oder 6) Stimmen — Mündlich überliefert

1 2 3 (4) (5) (6)
Heut ist ein Fest bei den Frö- schen am See, Tanz und Kon-
zert und ein gro- ßes Di- ner. Quak, quak, quak, quak!

Frosch am See

Zu 4 Stimmen mit einem einstimmigen Ostinato ad. lib. — Horst Irrgang

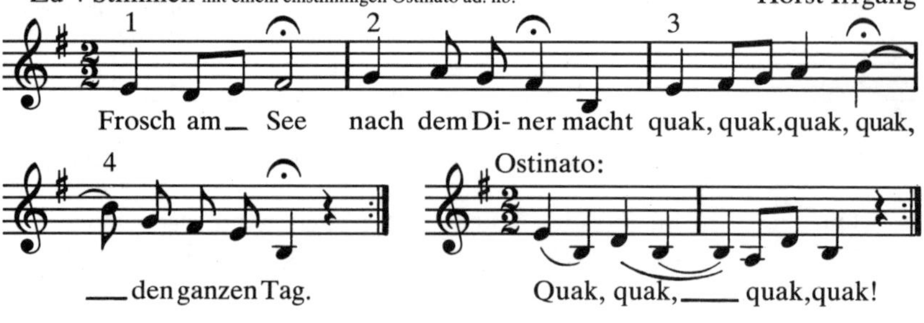
1 2 3
Frosch am — See nach dem Di- ner macht quak, quak, quak, quak,
4
— den ganzen Tag.
Ostinato:
Quak, quak, — quak, quak!

Frosches Abendlied

Zu 4 Stimmen

Fritz Bachmann

1
2
Quak, quak, quak, der Frosch singt sein Abendlied, so
3
4
gut er sin- gen kann und fängt nochmal von vorne an:

Hei, Mutter, der Fink ist tot

Zu 3 Stimmen (Männer)
mit einer ostinaten Baßstimme ad lib.

Ungenannter Meister
im Liederbuch des Christoph Clodius, 1669

1
2
3
(8)
Hei, Mut- ter, der Fink ist tot! Hätt't ihr dem Finken zu
(8)
trin- ken ge- ge- ben, so wä- re der Fin- ke ge-
(8)
blie- ben am Le- ben:
Ostinato:
Hei, Mut-ter, der Fink ist tot!

Mit Güte

Zu 4 Stimmen

Hans Sandig

1
2
Mit Gü- te lockt fast ü- ber- all die
3
Frau ihr Schwein- chen in den Stall, die
4
Frau ihr Schwein-chen in den Stall.

Wilhelm Busch

Kookaburra

Zu 4 Stimmen

Australische Volksweise

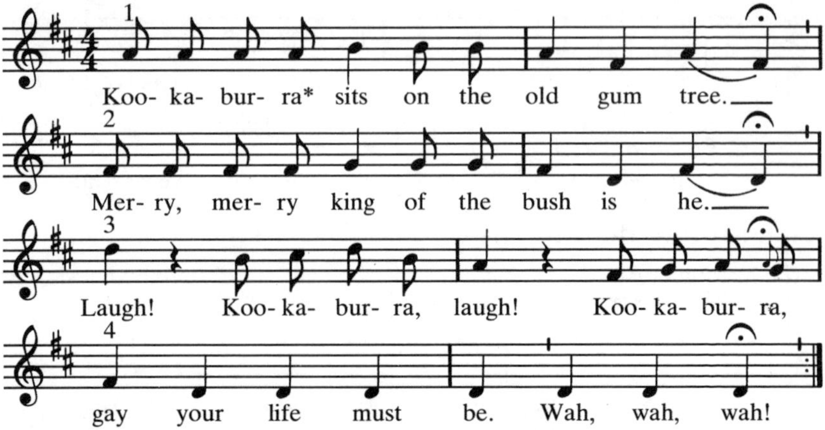
1
Koo- ka- bur- ra* sits on the old gum tree.
2
Mer- ry, mer- ry king of the bush is he.
3
Laugh! Koo- ka- bur- ra, laugh! Koo- ka- bur- ra,
4
gay your life must be. Wah, wah, wah!

* Australischer Vogel, dessen Ruf wie ein lautes Gelächter klingt

Übersetzung: Der Kookaburra sitzt auf dem alten Eukalyptusbaum. Vergnügter König des Urwalds ist er. Lache! Kookaburra, lache! Kookaburra, lustig muß dein Leben sein. Wah, wah, wah!

Der Kuckuck und der Esel

(LIEDKANON)

Zu 3 Stimmen

Christian Lange

nach der Weise von Karl Friedrich Zelter

1
Der Kuk-kuck und der E- sel, die hat- ten
2
ei- nen Streit: Wer wohl am be- sten sän- - ge, wer
3
wohl am be- sten sän- ge zur schö- nen, zur
schö- nen Mai-en- zeit,
Wiederholung
Mai-en-zeit.
Schluß
Mai-en-zeit.

Volkslied

Maus und Katz

Zu 3 Stimmen | Horst Irrgang

p 1 2 3
Knis- pel, knis- pel, knis- pel, knis- pel, knis- pel, knis- pel,
knis- pel, knis-pel – ei- ne Maus. Kommt die Katz, – kommt die
Katz, ––– reißt das Knis- pel,- Knis- pel-, Knis- pel-,
Knis- pel-, Knis- pel- mäus- chen aus.

Hund und Katze

Zu 2 Stimmen | Horst Irrgang

mit einem zweistimmigen Ostinato ad. lib.

1 2
„Wau, wau, wau, – wau, wau, wau, wau, wau!“ – „Spre-che Ih- re
Spra- che nicht, mi- au, mi- au, mi- au, mi- au!“

Ostinato zu 2 Stimmen (Männerstimme ad lib.):

Mi- au, mi- au, mi- au, ––– mi- au.
(8)
Wau, wau, wau, wau, wau, wau, wau, – wau.

Laßt uns fröhlich sein

Zu 4 Stimmen

Egon Rubisch

1 2 3 4
Laßt uns sin- gen, tan- zen, sprin- gen,
laßt uns tan- zen und fröh- lich sein!

Wir Bremer Stadtmusikanten

(QUODLIBET)

Zu 5 Stimmen*

Horst Berner

ALLE (RITORNELL):
Wir Bre- mer Stadt- mu- si- kan-ten
ESEL:
I- a! I- a! Ich
HUND:
Wau wau wau wau wau! Wau wau wau wau!
KATZE:
Mi- au!___ Mi- au!___ Ich
HAHN:
Ki- ke-ri- ki! Ki- ke- ri- ki!

* Für die Ausführung des Quodlibets gibt es zweierlei Möglichkeiten: A. Es kann in der angegebenen Reihenfolge im Nacheinander der Stimmen gesungen werden; dabei ist die jeweils neu hinzutretende Stimme hervorzuheben, während die anderen Stimmen klanglich zurücktreten. Die „Tiersolisten“ sind dafür ein- bis dreifach zu besetzen; das Ritornell wird von allen übrigen gesungen. – B. Bei der Ausführung in Form einer „Rondofassung“ wird das von den meisten zu singende Ritornell zu Anfang, zwischen den einzelnen „Tiersoli“ und zum Abschluß gesungen.

sin- gen fröh- lich im Quar- tett. Wir Bre-
sin- ge wie ’ne Nach- ti- gall. I- a!
Mei- nen Gesang liebt je- de Frau. Wau, wau, wau, wau,
sing in je- der gro- ßen Schau. Mi- au!
sin- gen kann nur i, nur i! Ki- ke- ri-
mer Stadt- mu-si-kan- ten sin- gen um die Wett’.
I- a! G’rad wie ’ne Nachti- gall.
wau! Wau, wau, wau, wau! Mich liebt je- de Frau.
Mi- au! Ich sing in je- der Schau.
ki! Ki- ke-ri- ki! Sin-gen kann nur i!
**

** Nach Belieben auch Variante in Kleinstich, insbesondere als Abschluß

Mäuse-Kanon

(LIEDKANON / KANONLIED)

Zu 4 Stimmen

Hans Naumilkat

1. Geht der Ka- ter zum Tanz, sind die Mäu- se al- lein. Ach, wie fin- den die klei- nen Mäu- se das fein! Sie sind froh und sin-gen so: Er le- be drei- mal hoch!
2. Kommt er mor- gens nach Hau- se, sagt kei- nes mehr piep; denn der Ka- ter, der hat zum Fres- sen sie lieb. Geht die Tür, so früh um vier, so sind sie, husch, im Loch!
(2. Str.)

Ilse Naumilkat

Posthorn

Zu 2 Stimmen

Mündlich überliefert

I fahr, i fahr, i fahr mit der Post, fahr mit der Schnek-ken- post, die mich kein'n Hel- ler kost, i fahr, i fahr, i fahr mit der Post!

Um des Reimes willen

Zu 3 Stimmen

Eusebius Mandyczewski

Tief im grü- nen Wald Vög- leins Lied er- schallt,
Jä- gers Büch- se knallt, froh das E- cho hallt,

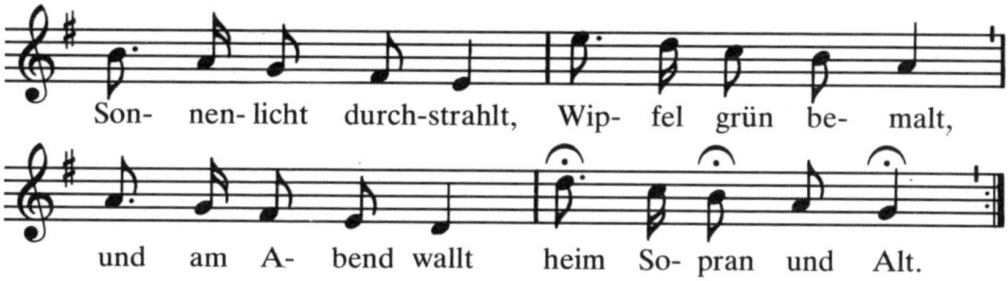
Son- nen- licht durch-strahlt, Wip- fel grün be- malt,
und am A- bend wallt heim So- pran und Alt.

Raste nie

Zu 3 Stimmen

Siegfried Stolte

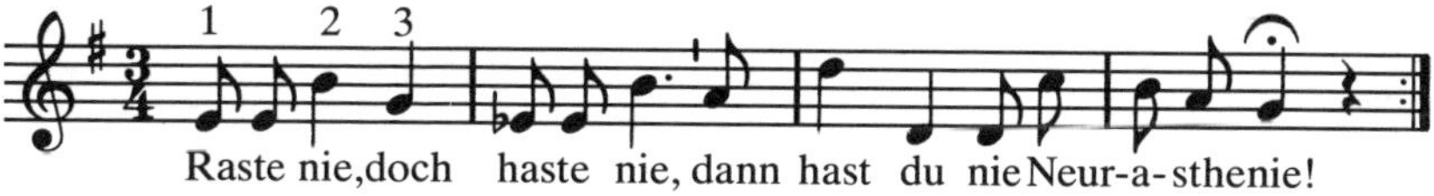
1 2 3
Raste nie, doch haste nie, dann hast du nie Neur-a-sthenie!

Wann ich weiß

Zu 3 Stimmen

Franz Lachner

1
Wann ich weiß, was du weißt, und du weißt, was
ich weiß, dann weiß ich, was du weißt, und du weißt, was
2
ich weiß. Dann weiß ich, was du weißt, dann weiß ich, was
3
du weißt, und du weißt, und du weißt, was ich weiß,
wann ich weiß, was du weißt, und du weißt, was ich weiß,
dann weiß ich, was du weißt, und du weißt, was ich weiß.

Gekürzt

Kein Mädchen ohne Lieb

Zu 4 Stimmen — Herbert Gadsch

1
Kein Mäd- chen oh- ne Lieb,
2
kein Jahr- markt oh- ne Dieb,
3
kein Bock oh- ne Bart,
4
kein Mensch oh- ne Un- art.

Volksmund

Rotzige Leut

Zu 4 Stimmen — Herbert Gadsch

1
Rot- zi- ge Leut
2
wol- len al- le- weil den
3
an- de- ren die
4
Na- se put- zen.

Volksmund

Drei Frauen, drei Gänse und drei Frösche

Zu 3 Stimmen — Herbert Gadsch

1
Drei Frau-en, drei Gän- se und drei Frö- sche
2
ma- chen ei- nen Jahr- markt,
3
machen ei- nen Jahr-markt,
ma- chen ei- nen Jahr-markt, ma- chen ei- nen Jahr- markt.

Volksmund

Ich armes welsches Teufli

Zu 3 Stimmen

Mündlich überliefert

1
„Ich ar- mes wel- sches Teuf- li bin mü- de
vom Mar- schieren, bin mü- de, bin mü- de vom Mar-
2
schiern. Ich ___ hab verlorn mein Pfeif- li aus mei- nem
Man- tel- sack, ___ -sack, ___ aus meinem Mantel-
3
sack.“ „Ich glaub, ich hab’s ge- fun- den, was du ver- lo- ren
hast, ___ hast, ___ was du ver- lo- ren hast.“

Volksmund

Klatschtanten

Zu 4 Stimmen

Mündlich überliefert

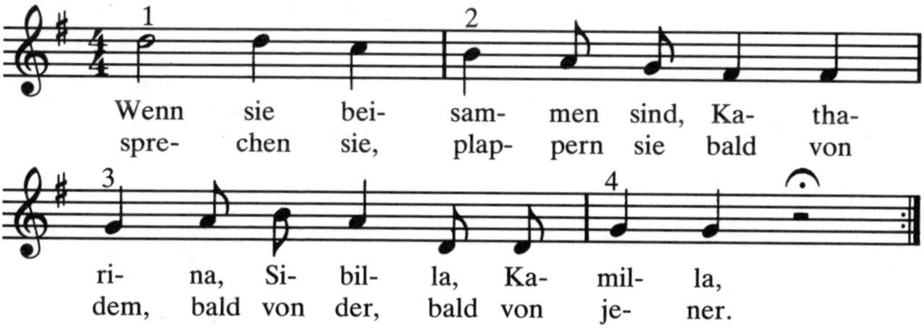
1
2
Wenn sie bei- sam- men sind, Ka- tha-
spre- chen sie, plap- pern sie bald von
3
4
ri- na, Si- bil- la, Ka- mil- la,
dem, bald von der, bald von je- ner.

Der Sultan kommt

Zu 3 Stimmen

Friedrich Kuhlau

1
Ihr Vö- gel, zwit- schert Ge- sang der
Won- ne! Ihr Fel- sen, in freu- di- ger Rüh- rung
2
kracht! Ver- nei- ge dich, o Mor- gen- son- ne! Der
3
Sul- tan kommt in sei- ner Pracht, der Sul- tan
kommt, der Sul- tan kommt, er kommt in sei- ner Pracht.

Er ist da

Zu 3 Stimmen

Friedrich Kuhlau

1
Er ist da! Er ist da in sei- ner Glo- - -ri-
a, in sei- ner Glo- - -ri- a! Die Freu- de
will uns er- stik- ken, die Freu- de will uns er-
2
stik- ken! Wir wis- sen vor Ent-

zük- ken uns gar nicht zu las- sen, uns gar nicht zu
las- sen, denn er ist da in sei- ner Glo- - - ri-
3
a, in sei- ner Glo-ri- a,
in sei- ner Glo- ri- a, denn
er ist da in sei- ner Glo- - - ri- a!

Der Sultan hat gegähnt

Zu 3 Stimmen

Friedrich Kuhlau

1
Pflicht-schul- digst gäh- net, ihr Ge- treu- en! Der gro- ße
2
Sul- tan hat ge- gähnt, gähnt, doch würd ein
Lä- cheln ihn er- freu- en, würd ein Lä- cheln ihn er-
3
freu- en, so lacht, bis euch das Au- ge
tränt, so lacht, bis euch das Au- ge, das Au- ge tränt!

Wenn die Bettelleute tanzen – Alleweil ein wenig lustig

(QUODLIBET)

Zu 2 Stimmen (auch gemischten)

Paul Donath
nach Volksweisen

1. Wenn die Bet- tel- leu- te tan- zen,
2. Kom-men sie in ei- ne Schen- ke,
3. Nun wohl- an, ihr Schwestern, Brü- der!
(8)
1.–3. Al- le- weil ein we- nig
1. wak- keln Ko- ber und der Ran- zen.
2. springn sie ü- ber Tisch und Bän- ke. 1.–3. Ei- a,
3. Seid ge- scheit und legt euch nie- der!
(8)
1.–3. lu- stig, al- le- weil ein we- nig dur- -stig,
1.–3. ei- a, ei- a, so
(8)
1. al- le- weil ein we- nig Geld im Sack,
2. al- le- weil ein we- nig bay- risch Bier,
3. al- le- weil ein'n tie- fen Schlaf in Ruh,
1.–3. geht's so geht's, so geht's! Ei, so geht's, so geht's,
(8)
1. al- le- weil ein we- nig Schnupf- ta- bak,
2. al- le- weil ein schö- nes Kind bei mir,
3. al- le- weil Ge- sund- heit auch da- zu,

Fine
1. ei, so geht's, so geht's, wak- keln Ko- ber und der Ran zen.
2. ei, so geht's, so geht's, springn sie ü- ber Tisch und Bän- ke.
3. ei, so geht's, so geht's, seid ge- scheit und legt euch nie- der!
Volkslied
(8) 1. Schnupf- ta- bak, all- zeit so, so!
2. Kind bei mir, all- zeit so, so!
3. auch da- zu, all- zeit so, so!
Ei- a!
(8) 1.-3. Man re- de, was man will, hab ich doch in der Still:

Worte und Weise von Valentin Rathgeber

Wetterregel?

Zu 4 Stimmen

Herbert Zimpel

1
2
Kräht der Hahn früh- mor- gens auf dem Mist, kräht der
3
Hahn früh- morgens auf dem Mist, än- dert sich das
Schluß: bleibt___ das Wet- ter,
4
Wet- ter o- der bleibt, wie es ist, wie es ist!
wie es ist!

Volksmund

Honza s Frantou / Hans und Fritze

Zu 4 Stimmen

Im Schritt

Tschechische Volksweise

1 2 3 4
Hon- za s Fran- tou há- da- li se o če- pi- ce.
Hans und Frit- ze strei- ten sich um ei- ne Müt- ze.

Worte nach dem Tschechischen unterlegt von E. R.

Ein einzig böses Weib

Zu 3 Stimmen

Joseph Haydn

1
Ein ein- zig bö- ses Weib lebt höch-stens in der Welt; nur
schlimm, daß je- der seins für die- ses einz-ge hält! Ein
2
ein- zig bö- ses Weib, ein bö- ses Weib lebt
höch- stens, lebt höch- stens in der Welt; nur schlimm, daß
3
je- der seins, daß je- der seins für die- ses einz- ge hält!

Gotthold Ephraim Lessing

Das Hexen-Einmaleins

Zu 4 Stimmen

Joseph Haydn

1
1. Du mußt ver- stehn, aus Eins mach Zehn,
2. Aus Fünf und Sechs, so sagt die Hex,
3. So ist's voll- bracht, und Neun ist Eins,
2
1. und Zwei laß gehn, und Drei mach
2. mach Sie- ben und Acht, so
3. und Zehn ist keins, das ist das
3
gleich, so bist du reich, bist du reich.
ist's voll- bracht, so ist's, ist's voll- bracht.
He- xen- Ein- mal- eins, Ein- mal- eins.
4

Johann Wolfgang von Goethe

Du bist mich doch nicht krank?

Zu 3 Stimmen

Manfred Hollmann

1
Was is mich das, mein Kind, mit dich? Du ißt mich nich, du
2
trinkst mich nich, du stippst mich in den Kaf- fee nich, du
3
bist mich doch nicht krank? Du bist mich doch nicht krank?

Johann Ferdinand Rüthling

Am Stammtisch

Zu 4 Stimmen

Christian Lahusen

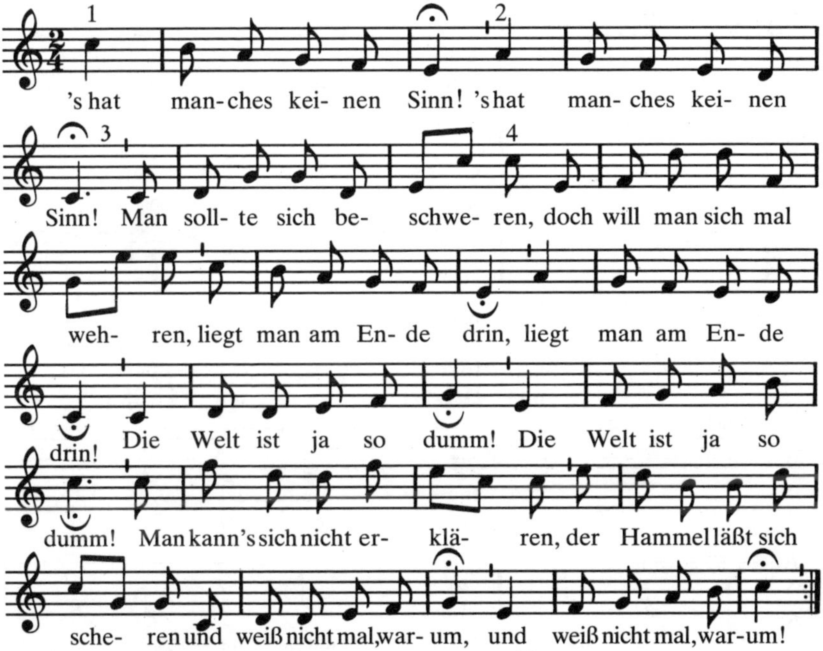
1
's hat man- ches kei- nen Sinn! 's hat man- ches kei- nen
2
3
Sinn! Man soll- te sich be- schwe- ren, doch will man sich mal
4
weh- ren, liegt man am En- de drin, liegt man am En- de
drin! Die Welt ist ja so dumm! Die Welt ist ja so
dumm! Man kann's sich nicht er- klä- ren, der Hammel läßt sich
sche- ren und weiß nicht mal, war- um, und weiß nicht mal, war- um!

Der Schluß kann nach Belieben bei den oberen oder unteren Fermaten erfolgen

Aus: Christian Lahusen, Deutsche Lieder, VEB Breitkopf & Härtel, Leipzig

Musikalisches Allotria

(QUODLIBET)

Zu 7 Stimmen mit einem Vorsänger und einem zweistimmigen Ostinato ad lib.

Mündlich überliefert

VORSÄNGER (rezitierend):
Die er- ste Stim- me singt ihr Lied- lein vor:
Die zwei- te Stim- me…
usw.
1. STIMME
Text A: O du lie- ber
Text B: Auf, nun sin- gen
2. STIMME
A: Auf der Alm, da bläst ein
B: Freu- de, Froh- sinn, Hei- ter-
3. STIMME
A: Uns- re al- te Katz' hat
B: Heu- te lie- be Freun- de,
4. STIMME
A: Stie- fel muß
B: Schön ist das
5. STIMME
A: Ro- se- stock,
hüpft mer vor
B: Ei- ner singt das
Dar- um klingt so
6. STIMME
A: Ein Bud- del Bier,
B: Nur ei- nen Ton,
7. STIMME
A: Der lan- ge. Tie- de- mann, der klee- ne
B: Nun seht mal al- le her, es ist ja

1.
Au- gu- stin, Au- gu- stin,
al- le mit, al- le mit,
Horn, bläst so lieb- lich und e-
keit herr- schen heu- te weit und
Bauch- weh, Bauch- weh,
wird ge- tanzt, wird ge- tanzt,
ster- ben, ist noch so
Le- ben, wir sind so
Hol- der- blüh, wenn i mein
lau- ter Freud
Vers- chen vor, dann sin- gen
frisch und so nett
zwei Bud- del Bier, drei Bud- del Bier,
den kann man schon, nun ganz tief,
Schu- manns- Karl habn kee- ne Sprit- ze mit, und drau- ßen
gar nicht schwer, tanzt al- le fröh- lich mit, übt euch im
Ostinato ad. lib. zuvor und dazu:
Bo, bo, bo, bo, bo, bo, bo, bo!

2.
Au- gu- stin, al- les ist hin.
al- le mit, laßt uns fröh- lich sein!
norm. Auf der lieb- lich und e- norm.
breit. Freu- de,' heu- te weit und breit.
Bauch- weh. Bauchweh hat die Katz'.
wird ge- tanzt. tanzt al- le mit!
jung, jung, jung. ist noch so jung.
jung, jung, jung. wir sind so jung.
Dirn- derl— sieh, s'Her- zerl im Leib.
al- le im Chor. das Quod- li- bet.
vier Bud- del Bier! drei Bud- del Bier.
sonst geht's schief! nun ganz tief, sonst geht es schief.
reg- net's noch. Der lan- ge Spritze mit, und's reg- net noch.
Wal- zerschritt! Nun seht mal fröh- lich mit im Wal- zer- schritt!

Lorenz, Lorenz

Zu 4 Stimmen

Mündlich überliefert

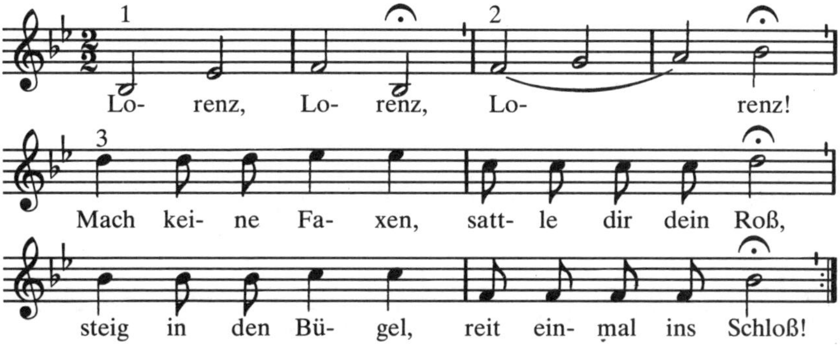
1
Lo- renz, Lo- renz, Lo- renz!
2
3
Mach kei- ne Fa- xen, satt- le dir dein Roß,
steig in den Bü- gel, reit ein- mal ins Schloß!

Ich wollt', ich wär ein Elefant

Zu 4 Stimmen

Mündlich überliefert

1
2
Ich wollt', ich wär ein E- le- fant, dann
tät ich ju- beln laut!
3
Es ging mir nicht um's
4
El- fen- bein, nein, um die dik- ke Haut!

Worte unter Schülern und Studenten

Junger Engel, alter Teufel

Zu 4 Stimmen

Herbert Gadsch

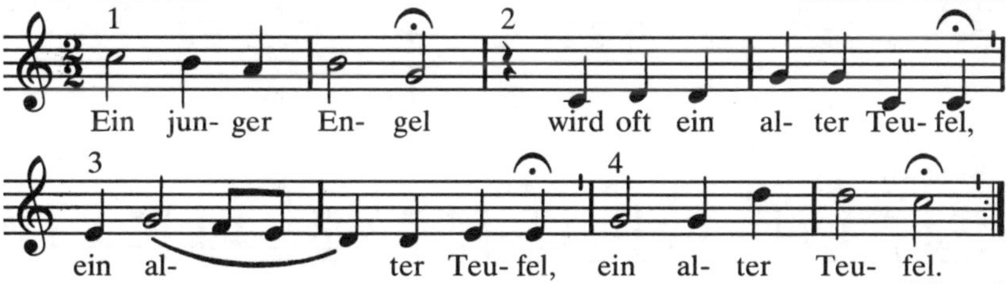
1
2
Ein jun- ger En- gel wird oft ein al- ter Teu- fel,
3
4
ein al- ter Teu- fel, ein al- ter Teu- fel.

Volksmund

Klingendes Allerlei

Zu 4 Stimmen
mit einem einstimmigen Ostinato ad lib.

Christian Lange
nach sechs Volksweisen

Drun- ten im Un- ter- land, da ist's halt
fein. Drun- ten im Un- ter- land, da ist's halt
Heut kommt der Hans zu mir, freut sich die
fein. Schle- hen im O- ber-land,
Lies. Ob er a- ber ü- ber O- ber-ammer-gau
Kommt ein Vo- gel ge- flo- gen, setzt sich
Im Mär- zen der Bau- er die
Ostinato:
(Vorspiel + 4 x)
Fine (4 x)
D. C. al Fine

Trau- ben im Un- ter- land,
o- der a- ber ü- ber Un- ter- am- mer- gau
nie- der auf mein'n Fuß, hat ein'n
Röß- lein ein- spannt, er
drun- ten im Un- ter- land
o- der a- ber ü- ber- haupt nicht kommt,
Zet- tel im Schna- bel, von der
setzt sei- ne Fel- der und
möcht ich wohl sein. La- la- la- la- la- la,
ist nicht ge- wiß. O, du lie- ber
Lieb- sten ei- nen Gruß. Tanz rü- ber, tanz
Wie- sen in- stand. Er pflü- get den

la- la- la- la- la, la- la- la- la- la- la la- la- la- la- la- la-
Au- gu- stin, Au- gu- stin, Au- gu- stin,
nü- ber, tanz nauf und tanz no; ei,
Bo- den, er eg- get und sät (gepfiffen...
la- la- la, la- la- la- la- la, la- la- la- la- la- la- la!
o, du lie- ber Au- gu- stin, al- les ist hin.
leih mir dein Schätz-le, das mein' ist nicht da. Kommt ein
...) und
Drun- ten im Un- ter- land, da ist's halt fein.
Heut kommt der Hans zu mir, freut sich die Lies.
Vo- gel ge- flo- gen, setzt sich nie- der auf mein'n Fuß.
rührt sei- ne Hän-de früh- mor- gens und spät.

Chairs to mend / Stühle zu flicken

(LONDONER STRASSENRUFE)

Zu 3 Stimmen

William Hayes

1
2
3
Chairs to mend, old chairs to mend? Mack- er- el, fresh mack- er- el! An- y old rags, an- y old rags?
Stüh-le zu flik- ken, sind welche da? Fri- sche Fi- sche, Fi- sche frisch! Habn Sie Lum-pen, al- te Lum-pen?

Worte nach dem Englischen unterlegt von E. R.

Wenn alles sitzen bliebe

Zu 4 Stimmen

Karl Ottomar Treibmann

1
2
3
4
Wenn al- les sit- zen blie- be, was wir in Haß und Lie- be so von ein- an- der schwat- zen, wenn Lü- gen Haa- re wä- ren, wir wä- ren rauh wie Bä- ren und hät-ten kei- ne Glat- - - - - - - zen.
4. Schluß (Coda)
Letzte Stimme singt aus:
ALLE:
Gla- -, Glat-zen!

Wilhelm Busch

Für tausend Taler nicht

Zu 4 Stimmen

Karl Büse

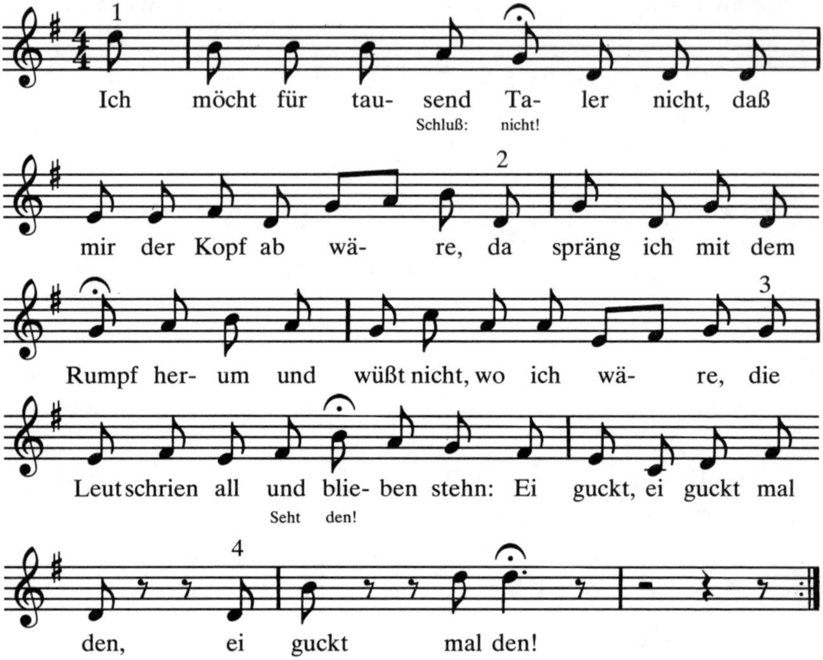
1
Ich möcht für tau- send Ta- ler nicht, daß
Schluß: nicht!
mir der Kopf ab wä- re, da
2
spräng ich mit dem Rumpf her- um und wüßt nicht, wo ich wä- re, die
3
Leut schrien all und blie- ben stehn: Ei guckt, ei guckt mal
Seht den!
den, ei
4
guckt mal den!

Gerade ist nicht krumm

Zu 3 Stimmen

Horst Irrgang

1
Rund- her- um: Ge- ra- de ist nicht krumm.
2
Rund- her- um: Ge- ra- de ist nicht krumm.
3
Wenn das Krumm' ge- ra- de wär, welch Mal- heur!

Ars longa

Zu 4 Stimmen — Ludwig van Beethoven

1
2
3
4
Ars lon- ga, vi- ta bre- vis.

Übersetzung: Die Kunst ist lang, das Leben kurz. — Seneca

Difficile lectu mihi mars

(SCHERZKANON)

Zu 3 Stimmen — Wolfgang Amadeus Mozart

1
Dif- fi- ci- le lec- tu mi- hi mars et
2
jo- ni- cu, jo- ni- cu dif- fi- ci- le,
lec-tu, lec- tu, lec- tu mi- hi mars, mi-
3
hi mars lec- tu, lec- tu dif- fi- ci- le,
lec- tu, lec- tu jo- ni- cu, jo- ni- cu,
jo- ni- cu, jo- ni- cu, jo- ni- cu, jo- ni- cu,
jo- ni- cu, jo- ni- cu, jo- ni- cu dif- fi- ci- le.

Leck mich im Angesicht

Zu 3 Stimmen

Carl Maria von Weber

1
Leck mich im An- - - - -ge-
Schluß: Freund! An- – – ge- sicht, du
2
sicht, du sau-, du sau-, du sau- be- rer
Freund!
3
Freund, leck mich im An- ge- sicht, du sau- be- rer.

Resignation

Zu 4 Stimmen

Mündlich überliefert

1
2
Als ich noch klein war, mein Her- ze noch rein war,
3
4
trotz al- lem Flei- ße war al- les schein-bar.

Da capo

Zu 4 Stimmen

Mündlich überliefert

1
2
Kom- men wir zum En- de dann,
Schlüsse: 1. wie- der an.
4. fan- gen wir von vor- ne an.
3
4
2. fan- gen wir von vor- ne wie- der an.
3. fangn wir wie- der an.

VERZEICHNIS DER KOMPONISTEN, BEARBEITER UND QUELLEN

Altmann, Günter (geb. 1925) 24, 98, 110 126, 131
Anzew, Michail (1865–1945) 64
Arlt, Hubert 149
Asriel, Andre (geb. 1922) 109

Bach, Johann Sebastian (1685–1750) 59,135
Bachmann, Fritz (geb. 1921) 131, 147, 152, 154, 174, 185
Bauer, Franz August (geb. 1925) 24
Beethoven, Ludwig van (1770–1827) 13, 82, 83, 169, 175, 209
Berner, Horst (geb. 1923) 20, 96, 124, 150, 152, 183, 188
Bimberg, Siegfried (geb. 1927) 4, 5, 8, 23, 64, 136, 138, 157
Böhmer, Helmut (1921–1972) 17, 171
Bräutigam, Helmut (1914–1942) 12, 32, 65, 67
Brahms, Johannes (1833–1897) 40, 78, 79
Büse, Karl (geb. 1908) 35, 55, 116, 208

Caldara, Antonio (1670–1736) 172
Cherubini, Luigi (1760–1842) 172

Dietzel, Günther (1927–1972) 168
Donath, Paul (geb. 1903) 50, 134, 196

Eisler, Hanns (1898–1962) 158
Englert, Michael (1868–1955) 103

Ferrari, Jacopo Gotifredo (1795–1842) 66
Fischer, Franz 4
Freudenthal, Wolfram-Theo (geb. 1934) 30

Gadsch, Herbert (geb. 1913) 117, 122, 192, 203
Gebhardi, Ludwig Ernst (1787–1862) 106
Gerhard, Heinz-Hermann (1926–1984) 162
Glöckner, Gottfried (geb. 1937) 22
Griesbach, Karl-Rudi, (geb. 1916) 118

Hartung, Annina (geb. 1909) 154
Hauptmann, Moritz (1792–1868) 9, 90, 92
Haydn, Joseph (1732–1809) 55, 80, 87, 119, 120, 123, 133, 198
Hayes, Philip (1738–1797) 60
Hayes, William (1707–1777) 207
Hering, Karl Gottlieb (1776–1853) 7, 138
Heyde, Karl von der (geb. 1896) 29
Hirschfeld, Annette (geb. 1931) 170
Hlouschek, Theodor (geb. 1923) 182
Hollmann, Manfred (geb. 1928) 54, 114, 122, 156, 199
Horlbeck, Wolfgang (geb. 1944) 150
Hübschmann, Werner (1901–1969) 139,175

Irrgang, Horst (geb. 1929) 2, 3, 7, 33, 46, 84, 86, 88, 96, 100, 114, 115, 117, 144, 159, 160, 161, 164, 168, 184, 187, 208

Karow, Karl (1790–1863) 154
Kirmße, Herbert (geb. 1924) 62, 109
Klaua, Sigurd (geb. 1935) 163
Köhler, Siegfried (1927–1984) 100
König, Ernst (geb. 1920) 9, 87
Krause-Graumnitz, Heinz (1911–1979) 26, 108
Kuhlau, Friedrich (1786–1832) 194, 195

Lachner, Franz (1807–1895) 191
Lahusen, Christian (1886–1975) 199
Lange, Christian (geb. 1920) 2, 4, 17, 20,

21, 22, 23, 25, 27, 28, 29, 38, 39, 43, 46, 49, 53, 60, 69, 71, 74, 95, 100, 101, 102, 105, 111, 119, 120, 121, 122, 156, 159, 160, 161, 162, 163, 170, 174, 186, 204
Lawes, Henry (1595–1662) 10
Lötzsch, Christel 101
Lukowsky, R(ud)olf (geb. 1926) 8, 41, 75, 77, 88, 89, 114, 115, 132
Lutter, Wilhelm (geb. 1914) 107

Maertens, Willi (geb. 1915) 45, 62, 72, 117, 120, 162
Mandyczewski, Eusebius (1857–1929) 27, 95, 139, 190
Marquardt, Ilse (geb. 1926) 3, 16, 155
Martini, Giambattista, Padre (1706–1784) 19, 92
Matthies, Ludwig (geb. 1929) 123, 158
Meder, Johann Valentin (1649–1719) 12
Meyer, Ernst Hermann (geb. 1905) 10
Möhl, Walter (1910–1969) 160
Mozart, Wolfgang Amadeus (1756–1791) 79, 128, 129, 130, 169, 177, 209
Mühling, August (1786–1847) 3, 168
Müller, Egmont 69
Müller, Siegfried (geb. 1926) 26
Müller, Wolfgang (geb. 1926) 24, 68

Naumilkat, Hans (geb. 1919) 34, 46, 47, 61, 158, 163, 190
Nowka, Dieter (geb. 1924) 143

Olias, Günter (geb. 1938) 48, 75, 107
Opitz, Heinz (1924–1981) 5

Peetzow, Hans 144
s. Bimberg, S., Naumilkat, H., Stolte, S.
Plüddemann, Martin (1854–1897) 94
Praetorius, Michael (1571–1621) 6, 58, 64

Rathgeber, Johann Valentin (1682–1750) 196
Reichardt, Johann Friedrich (1752–1814) 83
Rothe, Christine 126
Rubisch, Egon (geb. 1925) (III), 32, 33, 38, 44, 72, 73, 77, 82, 88, 96, 103, 108, 135, 137, 156, 188

Salieri, Antonio (1750–1825) 132
Sandig, Hans (geb. 1914) 185
Sartorius, Erasmus (1577–1637) 129
Schneider, Friedrich (1786–1853) 15
Schoendlinger, Anton (1919–1983) 71
Schubert, Franz (1797–1828) 40
Schütt, Hermann (um 1900) 148
Schumann, Robert (1810–1856) 140
Schwaen, Kurt (geb. 1909) 30, 118, 121
Silcher, Friedrich (1789–1860) 66, 99
Staden, Johann (1581–1634) 9
Stephani, Hermann (1877–1960) 54, 76
Stolte, Siegfried (geb. 1925) 5, 8, 14, 16, 33, 34, 37, 39, 53, 56, 57, 58, 61, 70, 73, 78, 88, 105, 108, 109, 110, 111, 134, 137, 164, 165, 166, 171, 174, 179, 180, 190

Theuß, Carl Theodor (um 1840) 43
Thiele, Siegfried (geb. 1934) 48, 116
Treibmann, Karl Ottomar (geb. 1936) 207

Unterumsberger, Andreas (geb. 1930) 93

Vulpius, Melchior (um 1560–1615) 7

Wachsmann, Johann Jakob (1791–1853) 68
Walther, Gerhard (geb. 1933) 10
Weber, Carl Maria von (1786–1826) 85, 210
Wunderlich, Heidemarie 104

Zelter, Karl Friedrich (1758–1832) 129, 147, 186
Zimpel, Herbert (geb. 1925) 11, 56, 68, 98, 99, 102, 103, 104, 105, 107, 157, 197

Mündlich überliefert, ungenannter Tonsetzer, Volksweise u. ä. 2, 4, 6, 11, 12, 18, 25, 28, 32, 35, 36, 37, 41, 42, 47, 49, 51, 52, 53, 54, 57, 59, 61, 67, 69, 72, 73, 76, 80, 84, 85, 86, 87, 89, 90, 91, 92, 93, 94, 96, 98, 106, 124, 126, 133, 134, 135, 138, 141, 142, 143, 146, 147, 148, 149, 150, 152, 155, 156, 173, 176, 178, 179, 180, 181, 183, 184, 185, 186, 190, 193, 196, 197, 200, 203, 204, 210

ZUR HERKUNFT DER KANON- UND QUODLIBETTEXTE

Bebel, August (1840–1913) 102
Becher, Johannes R. (1891–1958) 104
Bergner, Edith (geb. 1917) 23
Bimberg, Siegfried (geb. 1927) 106, 114
Böttger, Kurt Rudolf (geb. 1937) 101
Busch, Wilhelm (1832–1908) 174, 185, 207

Claudius, Hermann (1878–1980) 103

Dehmel, Paula (1862–1918) 148

Ebner-Eschenbach, Marie von (1830 bis 1916) 117
Engel, Erika (geb. 1911) 158

Förster, Georg Hinrich (1936–1955) 109

Gerhardt, Paul (1607–1676) 35
Goethe, Johann Wolfgang von (1749 bis 1832) 26, 33, 98, 99, 100, 107, 116, 120, 198
Gorki, Maxim (1868–1936) 100
Güll, Friedrich (1812–1879) 57
Günther, Johann Christian (1695–1723) 87
Grelle, Amely 93

Härtel, Gottfried Christoph (1763–1827) 128, 129, 169
Handschick, Inge 8
Hartung, Annina (geb. 1909) 64, 152
Haßler, Hans Leo (1564–1612) 3, 6
Helling, Hanna (geb. 1924) 159
Hermlin, Stephan (geb. 1915) 101
Hölderlin, Friedrich (1770–1843) 68
Hölty, Ludwig (1748–1776) 40
Hoffmann von Fallersleben, Heinrich (1798–1874) 38, 57, 186
Hoffmann, Gerlinde 54
Hoge, Raimund (geb. 1927) 4, 5, 8, 20, 41, 115, 146, 157
Holst, Adolf (1867–1945) 156, 162

Jean Paul (1763–1825) 139 (Friedrich Richter)

Keller, Herbert (geb. 1922) 109
Klopstock, Friedrich Gottlieb (1724 bis 1803) 44
Köhler, Annemarie (geb. 1919) 152
Kraeger, Johanna (geb. 1910) 70, 134
Kuhlbrodt, Wilhelm 92

Lauckner, Heinz (1920–1974) 107
Lenin, Wladimir Iljitsch (1870–1924) 101, 160
Lessing, Gotthold Ephraim (1729–1781) 129, 198
Logau, Friedrich von (1604–1655) 55, 87
Lorbeer, Hans (1901–1973) 107
Ludwig, Lori (geb. 1924) 62
Luther, Martin (1483–1546) 141

Mandel, Dirk (geb. 1951) 89
Marx, Karl (1818–1883) 102
May, Kurt (geb. 1940) 183
Mörike, Eduard (1804–1875) 41
Moll, Beate (geb. 1923) 70, 122

Naumilkat, Ilse (geb. 1917) 61, 163, 190
Neumann, Johanna (geb. 1933) 157

Opitz, Martin (1597–1639) 133

Rolland, Romain (1866–1944) 86, 144
Rubisch, Egon (geb. 1925) 18, 27, 28, 42, 62, 80, 139, 147, 172, 181, 184, 197, 207
Rückert, Friedrich (1788–1866) 114, 140

Rüthling, Johann Ferdinand (1743–1849) 199

Sander, Gabriele (geb. 1930) 75, 91, 136, 142
Schering, Arnold (1877–1941) 42
Schiller, Friedrich (1759–1805) 117, 168
Schreiber, Christian (1781–1857) 119, 123
Seneca (4 v. u. Z.–65 u. Z.) 209
Semmer, Gerd (1919–1967) 108
Stein, Erich (1906–1972) 109, 111
Steiner, Lutz (geb. 1927) 132
Stockhausen, Julius (1826–1906) 172
Stoll, Hanna (geb. 1924) 24
Stolte, Hanna (geb. 1923) 14, 34, 37, 39, 53, 56, 57, 58, 61, 73, 78, 105, 108, 110, 134, 137, 164

Telemann, Georg Philipp (1681–1767) 23

Ueltzen, Wilhelm (1759–1808) 82
Usteri, Johann Martin (1763–1827) 169

Weise, Christian (1642–1708) 26
Wirth, Lutz 64

Sprichwort, Spruch, Volksmund, Verfasser ungenannt u. a. 6, 10, 33, 40, 50, 58, 59, 66, 73, 78, 79, 80, 82, 84, 88, 89, 94, 98, 99, 102, 103, 104, 111, 114, 117, 118, 121, 122, 123, 126, 129, 143, 144, 154, 158, 159, 164, 174, 182, 186, 192, 197, 203

Im obigen Verzeichnis sind nur jene Kanons und Quodlibets berücksichtigt, bei denen die Herkunft der Worte nicht mit derjenigen der Musik übereinstimmt. Ebenso wurde auf die gesonderte Angabe der Herkunft des Textes und seiner Fassung am Schluß aller Beiträge verzichtet, bei denen vorausgesetzt wird, daß Worte und Musik von nur einem Autor, dem Tonsetzer, bzw. aus gemeinsamer Quelle stammen.

ALPHABETISCHES VERZEICHNIS
der Überschriften und Textanfänge

Abend 75
Abenddämmrung sinket still 78
Abendruhe über unserm Lande 75
Abgesang 144
Abschiedskanon 77
Ade dem alten Jahr 62
All mein Gedanken 88
Alle meine Entchen (Kanonlied) 148
Alle meine Entchen (Quodlibet) 150
Alle sagen: Martin hat den Speck genommen 142
Alle singen mit 5
Alle Vögel sind schon da 38
Allein sind wir nichts 104
Aller Anfang ist schwer 146
Alles schweiget 80
Alleweil ein wenig lustig (Quodlibet) 196
Als ich einmal reiste 178
Als ich noch klein war 210
Am Montag wolln wir 112
Am Morgen (Ein Ferientag) 164
Am Morgen zu singen 183
Am Stammtisch 199
Anker auf 115
Anker auf, Schotten dicht 115
Anker hoch 115
Anker hoch! Es geht auf große Fahrt 115
Annette hat Geburtstag heut 93
Aprilwetter 39
Arbeite, plane, regiere mit 103
Are you sleeping 67
Ars longa 209
Aschegraue, dunkelblaue 111
Auf den Erfinder des Metronoms 13
Auf frohes Wiedersehn 95
Auf, ihr Freunde 7
Auf, laßt Gesänge erschallen 15
Auf Neujahr 32
Auf nun, singen wir 172
Auf, und laßt uns fröhlich singen 24
Auf Wiedersehn, lebt wohl (Abschiedskanon) 96
Auf Wiedersehn (Quodlibet) 96
Auf Wiedersehn, auf Wiedersehn 96
Aus dem dunklen Schoß der Erde 110
Aus dem Funken wird die Flamme schlagen 101
Ausklang und Neubeginn 62

Badekanon 47
Bald im Gehen 146
Beaux yeux 86
Bedenk, lieber Malcher mein 120
Bedenket es gut 107
Begierig, zu schauen den Tag 68
Beherrschung 117
Bei Grün, da hat es keine Not 157
Bei leerem Beutel zu singen 143
Bei Sport und Spiel (Ein Ferientag) 165
Beim Tag scheint die Sonne 84
Bim, bam, bim, bam! Horch, es singt 73
Bim, baum! Glocken läuten 76
Bist du manchmal auch noch müd' 20
Blätterfall 54
Blase nur, Herr Pustemeier 156
Bleib dir selber treu 118
Blumen blühn, Wolken ziehn 41
Bona nox 79
Bonsoir 80
Boogie-Kanon 180
Братец Яков 67
Brennsuppe 135
Bruder Jakob 67
Bruder Jakob (Quodlibet) 173

C-A-F-F-E-E 138
C-a-f-f-e-e, trink nicht 138
C, B, A und immer weiter 30
Chairs to mend 207

Da capo 210
Dank den Helfern 134
Dank sei dem Bergmann 110
Darum laßt uns alles wagen 102
Das alte ist vergangen 32
Das alte Jahr hat Schnee im Haar 62
Das Glück liegt nicht hinter Bergeshöhn 122
Das Hexen-Einmaleins 198
Das ist die wahre Liebe 83
Das Lied erzählt 10
Das Lied ist aus 74
Das Lied tut kund 10
Das Mühlenrad 175
Das schlechteste Rad am Wagen 126
Deine Arbeit wird nichts taugen 109
Den Mund gab die Natur 87
Den Sozialismus in seinem Lauf 102
Der Kuckuck und der Esel 186
Der Kuß 87
Der Morgen ruft 65
Der Morgen singt 70
Der Sommer ist gekommen 49
Der Sommerkanon 42
Der Sputnik kreist 157
Der Sultan hat gegähnt 195
Der Sultan kommt 194
Der Tag beginnt und endet 72
Der Tag ist hin 72
Des Lebens tiefstes Weh 119
Die erste Stimme singt 200
Die Henne 182
Die Henne fröhlich ga-ga-ga-gackt 182
Die Herrschaft über den Augenblick 117
Die Musik ist die beste Kunst 12
Die Prim, die Sekund, die Terz 14
Die Sonn, die Sonn ist 68
Die Sonn ist wieder da 68
Die Sonne geht auf (Kanon) 64
Die Sonne geht auf (Kanonlied) 157
Die Sonne macht den Morgen schön 70
Die Teller sind nun leer 165
Die Tonleiter 13
Die Vögel wollten Hochzeit halten (Quodlibet) 152
Die volle Harmonie 25
Die Woche im Quodlibet 112
Difficile lectu mihi mars 209
Dona nobis pacem 106
Drei Frauen, drei Gänse und drei Frösche 192
Drei Gäns im Haberstroh 183
Drunten im Unterland (Quodlibet) 204
Du bist mich doch nicht krank? 199
Dû bist mîn 88
Du mußt steigen oder sinken 100
Du mußt verstehn 198
Dur- und Moll-Tonleiter 21

Echo-Kanon 21
Ehre der Musik 26
Ei, ei, ei, ihr Hühnerchen (Quodlibet) 150
Eia, wiege, eia 58
Ein' dunkle Wolk 94
Ein einzig böses Weib 198
Ein Ferientag im Kanon (Acht Kanons) 164
Ein fröhlich Herz 33
Ein frohes Lied regt an 9
Ein Jäger aus Kurpfalz 52
Ein junger Engel 203
Ein kleines Lied 29
Ein Mensch – wie stolz das klingt 100
Ein „Mo-zart"-Kanon 22
Ein neues Jahr voll Lieb und Freud 93
Ein Talent, das jedem frommt 26
Eine Stimme geht voran 4
Eines schickt sich nicht für alle 98
Einigkeit macht stark 104
Einladung 162
Einmal laßt uns noch singen 77
Eisenbahn fährt an 150
Eisenbahn von nah und fern (Quodlibet) 149
Er ist da 194
Ergründe, ergrabe, ergreife das Glück 98
Erster Mai 39
Erwacht, ihr Schläferinnen 66
Es blies ein Jäger wohl in sein Horn 50

Es, es, es und es (Quodlibet) 124
Es gab schon viele Meister 22
Es geht ein' dunkle Wolk 94
Es ist ein' Ros entsprungen 58
Es können die Ochsen 183
Es lebe die Arbeit 109
Es löste aus Blindheit 101
Es regnet, wenn es regnen will 147
Es sagen Ja die Blicke 87
Es schlägt eine Nachtigall 41
Es tönen die Lieder 37
Es war schön 166
Es wollt' ein Mägdlein tanzen gehn 90
Esel fressen Nesseln nicht 146
Essen, Trinken, das erhält den Leib 128

Fahnen wehen 39
Fahren wir zum Fange 114
Fang deine Arbeit munter an 114
Fangt eure Arbeit fröhlich an 160
Fasching 34
Faschingskanon 34
Faß mit an 115
Feierabend 73
Ferien 46
Fest des Friedens, Fest der Freude 60
Feuer, spring auf 45
Fischgräten 141
Folge mir 4
Frère Jacques 67
Freu dich des Lebens 169
Freude 168
Freude den Kommenden 137
Freude jubelt 43
Freude treibt die Räder 168
Freunde, lasset uns beim Zechen 130
Freundschaft 83
Freundschaft ist die Quelle 83
Frieden der Welt 105
Frisch getan 116
Fröhlich angefangen 179
Fröhlich fangt alle an 7
Fröhlich, ja fröhlich angefangen 179
Fröhlich wollen wir nun singen 2
Fröhlich wollen wir singen 2
Frohes Schaffen, frohe Rast 74
Frosch am See 184
Frosches Abendlied 185
Frosch-Kanon 184
Früh übt sich 30
Früh, wenn der Bock schreit 69
Für das Glück der Republik 158
Für tausend Taler nicht 208

Gar fröhlich zu singen 33
Geburtstags-Kanon 93
Gegen Schlafmützen (Ein Ferientag) 164
Gegen Trägheit 122
Geht der Kater zum Tanz 190
Geht es hinauf und hinunter 27
Gerade ist nicht krumm 208
Gesegn dich Laub 94
Getanzt, gelacht, gesungen 180
Gewißheit 129
Glaube nicht alles 118
Glocken klingen 61
Glocken-Kanon 18
Glockenläuten 76
Glück auf 110
Glück auf! Der Bergmann 110
Glück auf, der Steiger kommt (Quodlibet) 124
Glück auf, ihr Bergleut (Quodlibet) 124
Glück und Freude 92
Gräser sünd wat Greunet 135
Große Uhren gehen tick-tack 154
Gut erholt wir heimwärts gehn 96
Gut' Nacht 80
Guten Morgen, guten Tag 69

Habe stets ein Ziel vor Augen 109
Hätt i di, hab i di 85
Hätt i di, hätt i di 85
Hätt ich das gewußt 141
Hahaha 172
Halali, halali 12
Halali, Musikanten 12
Halleluja (Hayes) 60
Halleluja (überliefert) 59
Hamdia dui 176

Hans und Fritze 197
Haus- und Tischspruch 137
Heho, keiner zu Haus 143
Hei, Mutter, der Fink ist tot 185
Heigh ho, nobody home 143
Hejo, hart am Winde 114
Hell klingt unser Lied 10
Hellen Ton bläst die Fanfare 164
Heut ist ein Fest 184
Heut kommt der Hans zu mir 84
Heut kommt der Hans zu mir (Quodlibet) 204
Heute ist Geburtstag 92
Heute lernen 159
Heute lernen, morgen schaffen 159
Hier in unserm Kreise 20
Hör auf mich 4
Hörst du nicht die Glocken klingen? 67
Hört den Fanfarenklang 163
Hört nur, wie der Kuckuck schreit 38
Hört und singt mit 21
Hofmeister-Kanon 30
Honza s Frantou 197
Horch, es schallt durch den Wald 51
Horch, wie der Magen knurrt 134
Hühnerchen-Entchen-Quodlibet 150
Hummel und Biene 154
Hund und Katze 187

I fahr, i fahr 190
Ich armes welsches Teufli 193
Ich bin die Frau Hummel 154
Ich bitt dich 13
Ich möcht für tausend Taler nicht 208
Ich war mal auf dem Dorfe 152
Ich wollt, ich wär ein Elefant 203
Ihr Frauen und ihr Mütter 37
Ihr Vögel zwitschert 194
Im Arm der Liebe 82
Im Gehen und Laufen 146
Im Kanon voran 4
Im Märzen der Bauer (Quodlibet) 204
Im Tal, da liegt der Nebel 87
Im Urlaub (Ein Ferientag) 166
Immer aufwärts 119
Im Weiberaug dräut Minne 86
In diesem Haus wohnt ein Geist 164
In dulci jubilo 59
In einem kühlen Grunde 175
In Leipzig wird getanzt 180
In London brennt es 181
Iskra-Kanon 101
Islandfischer 114

Ja, das ist gut 69
Ja und Nein 87
Jede Tat für den Frieden 105
Jeden Tag ein Lied 4
Jeder, der singen kann 2
Jeder Gedanke, jedes Wort 105
Jederzeit hier und dort 96
Jetzt komme, Feuer 68
Jetzt wolln wir, jetzt wolln 155
Jetzt wolln wir lustig sein 155
Jidijumba 171
Juchhe, der Spielmann 16
Junger Engel, alter Teufel 203

Ka-ka-ka-ka-ka-Kaffee 166
Kein Mädchen ohne Lieb 192
Kellner, zahlen 139
Kind, wie schön, daß wir dich haben 108
Klatschtanten 193
Kleine Intervallehre I/II 14
Kling, mein Lied 23
Klingelt das Glöckchen 57
Klingen hell die Geigen 14
Klingendes Allerlei (Quodlibet) 204
Klugheit und Eitelkeit 120
Knispel, knispel 187
Knusper, knusper, knäuschen 156
Kohldampf 134
Komm, mach mir einmal alles nach 3
Kommen wir zum Ende dann 210
Kommt ein Vogel (Quodlibet) 204
Kommt her, falalalala 8
Kommt her und singt 8
Kommt, singt und spielt 16
Kommt und singt 4
Kookaburra 186

Kookaburra sits on the old gum tree 186
Kräht der Hahn 197
Kraut und Rüben 135
Kuckucks-Kanon 43
Kuckuck, Kuckuck, sag mir doch 48
„Kuckuck“, so ruft's 43
Kume, kum, geselle mîn 88

Lachkanon 171
Läutet die Glocken 61
Langsam will der Tag 75
Laß die Leute reden 174
Laßt die Arbeit froh beginnen 160
Laßt die Stimmen hell erklingen (Quodlibet) 3
Laßt ein frohes Lied uns singen 11
Laßt euch grüßen, Pioniere 163
Laßt froh uns sein 169
Laßt Gesänge erschallen 15
Laßt klingen unsre Lieder 5
Laßt Lautenspiel und Becherklang 140
Laßt uns all nach Hause gehen 73
Laßt uns fröhlich sein 188
Laßt uns fröhlich sein und singen 11
Laßt uns gemeinsam singen 10
Laßt uns jauchzen 168
Laßt uns singen 7
Laßt uns singen, tanzen, springen 188
Laßt uns singen und fröhlich sein 24
Lauf, lauf, lauf, denn diese Noten 155
Laufen, hüpfen, schwimmen 165
Laufen, Schreiten, Schleichen 155
Lautenspiel und Becherklang 140
Lebensrezept 174
Lebt wohl, Freunde 44
Lebt wohl, ihr grünen Wiesen 95
Leck mich im Angesicht 210
Leineweber-Kanon 111
Lernen, lernen 160
Lernt, euer Leben 107
Liebe Freunde, kommt 4
Lieber Freistädtler 177
Lieblich singt der Esel 184
Lied des Türmers 116
Liegt dir Gestern klar und offen 99
Lob der Natur und Reisegruß 44
Lob und Preis der Musica 24
London 's burning 181
Lorenz, Lorenz 203
Lustige Leute sind wir heute 34

Mädchen, ach meide 85
Mährídieh 69
Mäuse-Kanon 190
Man singt zum Spaß 22
Manche sagen: Wenn das Faschingsfest 34
Mancher Berg ist hoch und fern 89
Martin, lieber Herre 133
Maus und Katz 187
Mei Muatta kocht a Brennsuppn 135
Mein Tagewerk ist nun getan 73
Mein Wagen hat vier Räder (Kanonlied) 148
Mein Wagen hat vier Räder (Quodlibet) 149
Meine Zimbel 19
Melodie im Kanon 23
Mit fröhlichem Singen 183
Mit Güte 185
Mit Güte lockt fast überall 185
Mit Musik den Tag beginnen 71
Morgen kommt der Weihnachtsmann 57
Morgenstund hat Gold im Mund 66
Morgenstund, Morgenstund 66
Morgenstunde 64
Musica et vinum 129
Musikalisches Allotria (Quodlibet) 200
Musikantengruß (III)
Musikantenlob 17

Nach dem Essen (Ein Ferientag) 165
Nanna und die Minna 29
Nanna und Minna 29
Naše zvony 18
Neprš, neprš déšt' 147
Neue Lieder laßt uns singen 8
Nicht jeder, der ein bißchen meckert 120
Nicht jeder, nicht jeder 120
Nicht länger ist Winter 37

Nicht lange mehr ist Winter 36
Nun fanget an 6
Nun fanget an (Quodlibet) 3
Nun fanget an, ein guts Liedlein zu singen 6
Nun seid uns willkommen 162
Nun sind wir satt 137

O klage nicht 54
O Musica, dein Klang 5
O wie schön die hellen Lieder klingen 9
O wie wohl ist mir am Abend 76
Ob die Sonne scheint 17
Ob ich morgen leben werde 129
Ob Klöße oder Nudeln 131
Ochsen-Kanon 183
Oh, how lovely is the evening 76
Ohne Fleiß kein Preis 98
Ostsee, Meer des Friedens 105

Petersil und Suppenkraut 154
Pflichtschuldigst gähnet 195
Pioniergruß (Eisler) 158
Pokapala na salaši 142
Posthorn 190
Prídi ty 91
Proletarier aller Länder, vereinigt euch 102
Pustewind 156

Quak, quak, quak, der Frosch 185

Raste nie 191
Ratschlag für Fußgänger 157
Regen, falle nicht 147
Resignation 210
Rose 86
Rose, shall I ever see 86
Rose, werd ich immer 86
Rotzige Leut 192
Rum, rum, rudeldudeldum 27
Rundherum I/II 2
Rundherum, dideldum 2
Rundherum: Gerade ist nicht krumm 208
Rundherum! Kommt, seid nicht stumm 2

's hat manches keinen Sinn 199
Sankt Martin tät gut Wein gern saufen 144
Sauf aus 144
Schau ich dich an 90
Schlaf, Kindlein, schlaf 79
Schlafe wohl 76
Schneemann (Kanonlied) 57
Schneemann, kalter Mann 56
Schneemann, Schneemann 56
Schnickschnack, Dudelsack 147
Schön ist, Mutter Natur 44
Schön und lieblich 25
Schöne Augen 86
Schöner Frühling, kehre wieder 35
Schöner Frühling, komm doch wieder 36
Schön'n guten Tag 161
Schritt für Schritt 108
Schwarze Pferde (Quodlibet) 152
Schweigend ruht das Feld 64
Schwein, du bist tot 134
Sehet die Männer 146
Seht den Mann 57
Sei kein Frosch, sing mit 20
Sei willkommen, du lieber Tag 71
Sei willkommen, Kind 108
Seid bereit 158
Seid euch bewußt der Macht 104
Seid gegrüßt, ihr lieben Gäste 136
September 53
Signor Abbate 175
Sing mit, Pionier 159
Singen ist das Fundament 23
Singen, tanzen, fröhlich sein 25
Singt mit uns 20
Sitzt a schöns Vogerl aufm Dannabaum 40
So steigt in Dur 21
So, wie wir heute arbeiten 104
So wünschen wir uns 72
Soll das Leben immer 119
Soll's ein schöner Urlaub sein 136
Sommer ist ins Land gekommen 42
Sommerwind und Sonnenschein 48
Sonne schlafen geht 77

Sonne steigt höher 39
Späte Rosen im Garten 52
Spielmann, das hast du gut gemacht 17
Sportfest 163
Sputnik fliegt im Weltenall 158
Steh mit beiden Beinen auf der Erde 161
Steht der Teller auf dem Tisch 132
Steter Tropfen höhlt den Stein 89
Stimmet mit ein 8
Stimmt alle mit uns ein 170
Stoffel! Stoffel! Obst und Kartoffel 53
Stühle zu flicken 207
Sù cantemo 172
Suchst du nach der Wahrheit 121
Süße Traube 53
Still senkt sich der Abend 75
Strahlt der goldne Lichterschein 61
Summer is acoming in 42
Sweetly sings the donkey 184

Ta-ta-ta-ta-ta-ta-... 13
Tanz rüber, tanz nüber 179
Tanz, tanz, Gretelein (Quodlibet) 152
T-e-e 138
T-e-e: Russentee, Chinesentee 138
Thälmanns Namen 159
Thälmanns Namen tragen wir 159
Three blind mice (Quodlibet) 173
Tief im grünen Wald 190
To Bett, to Bett I/II 77
Tod ist ein langer Schlaf 55
Tod und Schlaf 55
Tränke nur Wasser 143
Trara! Das tönt wie Jagdgesang 51
Trara! So blasen die Jäger 51
Tretet ins Leben 108
Trinkkanon 130
Trost 119

Übereilung tut nicht gut 117
Überschrift eines Weinhauses 133
Uhren-Kanon 154
Um des Reimes willen 190
Unser Lied klingt jederzeit 17
Und die Tat, sie bleibt uns doch 102
Und nun kommt das Allerbeste 162
Unser Hans hat Hosen an 180
Unter den Menschen und Borsdorfer Äpfeln 139

Verkehrserziehung 157
Viel Arbeit und Freude zum neuen Jahr 33
Viel Freude wird sein 24
Viel Glück heut zum Geburtstag 92
Viel Glück zum neuen Jahr 62
Viel Glück und Freude zum neuen Jahr 32
Viel Glück, viel Glück 32
Viva la musica I (Praetorius) 6
Viva la musica II (überliefert) 6
Viva, viva la musica 6
Vivat musica (III)
Vivat, vivat diesem Trunke 132
Volkslieder-Tricinium (Quodlibet) 124
Vom hohen Gipfel 46
Vom Ich zum Wir 109
Von Rostock schallt ein Ruf 105
Vor dem Essen (Ein Ferientag) 165
Vor dem Essen 135
Vor/Nach dem guten Mittagessen 134
Vor der Mahlzeit 131

Wachet auf 68
Wacht auf! Der Tag beginnt 164
Wahre Liebe 83
Wald und Feld sind tief verschneit 55
Wann ich weiß 191
Wann mei Mutterli balket 176
Wann wir schreiten Seit an Seit 103
Wann wird in der Pflanzenzucht 53
Warnung 85
Warum ist der Weisen Zahl 121
Was des Volkes Hände Schaffen 100
Was für Gerüche 165
Was gibt uns wohl den schönsten Frieden 107
Was is mich das, mein Kind 199
Was ist das für ein Wetter heut 39
Was lange währt 117

Was sich liebt 88
Wau, wau, wau 187
Wehen blaue Fahnen 164
Weihnachtskanon 61
Weihnachtsmann 57
Wein, Bad und Liebe 133
Wein, Weib und Gesang 141
Weißkohl und Sauerkraut 138
Weithin klingen unsre Glocken 18
Welt liegt im Winterkleid 54
Wenn alles sitzen bliebe 207
Wenn der Winter ausgeschneiet 35
Wenn die Bettelleute tanzen (Quodlibet) 196
Wenn die Sonne untergeht 74
Wenn dir's in Kopf und Herzen schwirrt 120
Wenn einer, der mit Mühe kaum 174
Wenn ich ein Vöglein wär 82
Wenn jemand eine Reise tut 123
Wenn mancher Mann wüßte I (Rothe) 126
Wenn mancher Mann wüßte II (überliefert) 126
Wenn sie beisammen sind 193
Wenn wir auseinandergehn 95
Wer allzeit bei dem Ofen sitzt 122
Wer des Morgens dreimal schmunzelt 174
Wer die Melodie schön sauber singt 23
Wer die Musik in Ehren hält 26
Wer gern singt 166
Wer Gutes tut 99
Wer im Sommer Weißkohl baut 138
Wer kommt lachend 181
Wer Musicam verachten tut 9
Wer nicht liebt 141
Wer's erwarten kann 35
Wer schaffen will 168
Wer seine Decke zieht 111
Wer unser neues Dorf nicht sieht 111
Wer wandern will 49
Wer will mit uns nach Island gehn 114
Wetterfest 139
Wetterregel? 197
Who comes laughing 181
Wie das Wasser hell und klar 27
Wie schön ist es im Freien 47
Wie wir morgen leben werden 104
Wille, will, will, der Mann ist kommen 78
Willkommen, lieber schöner Mai 40
Willst du für den Frieden leben 107
Willst du immer weiter schweifen? 123
Winter 54
Wir Bremer Stadtmusikanten (Quodlibet) 188
Wir bringen unsere Wünsche 32
Wir fahren jetzt 131
Wir fahren mit dem Schlitten 56
Wir feiern und singen 158
Wir freun uns auf die Urlaubszeit 46
Wir gratulieren 92
Wir haben einen Chor 163
Wir haben Ferien 46
Wir kommen all 92
Wir laden euch ganz herzlich ein 162
Wir liegen faul 47
Wir liegen faul 47
Wir schichten die Steine 110
Wir sitzen hier 144
Wir, wir wollen lachen 171
Wir wollen Frieden auf Erden 106
Wir wünschen dir/euch 93
Wo der perlende Wein 129
Wo man singt 28

Zanken, Zanken und Disputieren 121
Zeitig am Morgen 91
Zin-zin-zin 28
Zin-zin-zin, die Geige 28
Zin-zin-zin fa il violino 28
Zögern bringt uns nicht voran 161
Zum Abschied 95
Zum Abschied (Ein Ferientag) 166
Zum Anfang und Beschluß 72
Zum Beginn 70
Zum Ernteeinsatz 53
Zum Geburtstag 92
Zum Kinderfest 162
Zum Martinstag 133

Zum neuen Jahre Glück und Heil 33
Zum Schlachtfest 134
Zum schönen Festtagsschmaus 131
Zum Schuljahresbeginn 160
Zum Sehen geboren 116
Zur Jahreswende 62
Zur Jugendweihe 108
Zur Nacht (Ein Ferientag) 166
Zur Namensgebung 108
Zur Ostseewoche 105
Zuspruch 118